7日で
マスター

不動産が
おもしろいくらい
わかる本

不動産コンサルタント 池田浩一

ソーテック社

不動産の勉強をはじめよう

都内○○邸 新築現場……

あ〜疲れた〜今日の現場は結構ハードだったなぁ〜

そうですね。あっそうだ！　最近、お昼休みに不動産の本を読まれてますよね！

そうなんだよ。もう３冊目になるんだけど、○○法がどうとか、○○制限がどうとかって、難しそうな法律用語や専門知識ばかりで全然面白くない！
いつも１章目でリタイアだよ（悲）

建太くん、学くん、こんにちは！　半年ぶりかな。
おっ！素敵な家ができそうだね！

池田先生！ご無沙汰してます！ ご相談したいことがあって、ちょうど連絡しようと考えていたところです。

久しぶり！元気でしたか？

実は、最近、不動産の勉強を始めたんですが、内容が難しすぎて、知りたいことが分からずじまいなんです。

そうだったんですね！ 建太くんが不動産の勉強を始めた目的は何ですか？

まだ社会人2年目ですが、5年以内に土地を買って、今の会社で注文建築を建てたいと考えているんです。あと建て主さんから不動産のこと相談されても全然わからないし（悲）

建太先輩、すごいですね！ 注文建築なら自分好みの間取りやデザインで建てられるし、社長も大喜びですよ！

建太くん、素晴らしいプランですね！ あと、なぜ途中で勉強が行き詰まってしまったのかも分かりましたよ。

えっヤッパリですか・・・（驚）

不動産の勉強は『パズル』を楽しむ感覚で！

建太くんの場合、「ただ何となく」ではなく、不動産の勉強を始めた動機も、将来の目標もはっきりしています。

日頃、建て主さんと一緒に夢を形にしていくなかで**注文建築の魅力**に目覚めたのでしょう。

ではなぜ、どの本を読み始めても1章目で興味をなくし断念してしまうのでしょうか。

不動産は**専門性の高い分野**です。ひと言で不動産と言っても内容も多岐に渡ります。なかには、特に興味のないものや読まなくてもいい内容もあるでしょう。

長年、不動産に携わっている私自身も同じです。「なんだコレ！全然、面白くない!!」と感じることがいっぱいです（笑）

不動産の勉強を楽しみながら続けるポイントは、**興味や関心のある分野や関連知識を抜き出して、少しずつ「知りたいこと」の答えを探していく**ことです。

クロスワードパズルを楽しむ感覚です。1つずつ答えを導き出していく喜びと満足感から、最後には自然と全体像が見えてくるのです。

建太くんのように土地を購入して注文建築を建てたいと考えている人なら、

❶ **法令上の制限**
　⇒ 希望どおりの家を建てられる土地を探すための条件を知る

❷ **建築知識**
　⇒ 自分好みの構造、建築工法、地震に強い家づくりの知識を得る

❸ **資金計画**
　⇒ 最適な購入予算や資金計画の立て方、住宅ローンの知識を学ぶ

などが最初に学ぶポイントとなります。

都市計画法や建築基準法など一見難しそうな法令上の制限も、街づくりや家づくりの視点から考えると「なるほど！」と納得できる知識ばかりですよ。

確かに、今まで1章目から知識の詰め込み的な読み方しかしてなかったように思います。興味のあるところからどんどん抜き出していけばいいんですね！

建太先輩、つまみ食いの感覚ですよ！いつも回転ずしで大好きなマグロから食べるじゃないですか（笑）アレですよアノ感覚です！

建太くん、学くん、これから楽しいレッスンができそうですね！ 5年後にマイホームが完成したら招待してくれよ（笑）

是非とも！ その時は、ちょっと豪華なお寿司でオモテナシします（笑）

都内某所・不動産学校で

みなさん、はじめまして！これから7日間、講師を務めます、不動産コンサルタントの池田です。よろしくお願いします！

よろしくお願いします！ 不動産会社で売買仲介を勉強中の正子と申します。今年は宅建士合格を目指して頑張ります！

正子さんのお仕事の体験談も期待してますよ！

みなさん、こんにちは！　IT企業に勤務する歩実です。正子さんの学生時代の後輩です。1年前に正子さんがマイホームを購入したと聞いて私にもできると思い不動産の勉強をはじめたところです（笑）
よろしくお願いします。

おいおい！（笑）

松井です。2年前に定年退職しましたが、中学で数学を教えていました。今年からマンションの理事長を務めることになったのですが、管理組合の運営とか何も分からないので参加しました。参加者のなかでは一番の年長者ですが、みなさん、色々教えてくださいね。

松井さんと同じマンションで監事を務めることになった大久保です。今年は大規模修繕工事など重要課題があるので一緒に参加しました。
あと、騒音問題やペット飼育トラブルを一緒に考えてみたいです。

7日間のカリキュラムでは、不動産売買の基礎知識や資金計画、マンションの大規模修繕や建替え計画など、必ず役立つ実践知識をたっぷり用意しました。
みなさん、これからの7日間、一緒に楽しみましょう！

はじめに

この度は本書を手に取っていただきまして、ありがとうございます。

本書は、不動産を売りたい、買いたい、不動産業界で働きたい、将来のために勉強しておきたいなど、「不動産と真剣に向き合ってみよう」と決心された方が「はじめの一歩」としてお読みいただける作品です。

内容的には、不動産に関わる法令上の制限や調査方法、不動産売買で必要となる資金計画や法律知識など「本番で必ず役立つ重要ポイント」を絞り込み、7日間でマスターできるように解説しています。

●7日間でマスターできる不動産知識

❶ 都市計画法、建築基準法など「家づくり」「街づくり」の基礎知識と考え方

❷ 道路、土地、ライフライン、生活環境など不動産の調査方法と基礎知識

❸ 建物の構造、工法など建築の基礎知識と「地震に強い家づくり」の考え方

❹ 不動産の「4つの価格」と「3つの評価法」を用いた適正価格の見極め方

❺ 金利の種類、返済方法など住宅ローンの基礎知識と資金計画の立て方

❻ 媒介契約、重要事項説明、売買契約など「売る時」「買う時」の実践知識

❼ 区分所有建物の基礎知識、大規模修繕、建替え計画など組合運営の考え方

不動産は専門性の高い分野であり、必要とされる知識も多岐にわたります。

全くの未経験者が、短期間で専門家や業界で実務経験を持つ人と同等の知識を習得するのは困難ですが、マイホームの購入や売却など、日常生活のここぞという時に必要とされる知識は、学ぶべきポイントと学び方を知ることによって、7日間という短期間でマスターすることは十分に可能です。

不動産は難しい知識ばかりではありません。本当に面白く奥の深い世界です。

単に知識として覚えるだけでなく、私たちを取り巻く生活空間を考える力を身に付けられるよう、「楽しく」「詳しく」「解りやすく」に、とことんこだわり構成しました。

本書を手に取り、実際に行動を起こされたあなたが、不動産を学ぶことの喜びや楽しさを感じて頂ければ幸いです。

それでは、7日間のレッスンのスタートです！

池田浩一

CONTENTS

0日目

不動産の「はじめの一歩」

1日目

私の「家づくり」みんなの「街づくり」

CONTENTS

2日目

自分でできる物件調査

3日目

夢を形に！建築のキホン

4日目

私の家はいくらで売れる？
4つの価格と3つの評価法

5日目

資金計画にチャレンジしよう！

CONTENTS

6日目

高く売りたい！安く買いたい！
不動産売買成功のコツ

7日目

マンションの「今」と「未来」

登場人物

本書では、池田先生と6名の生徒で、7日間のカリキュラムを通して不動産を学んでいきます。

池田先生
業界歴30年のベテラン宅建士。
不動産の難しい法律用語や専門知識を「楽しく」「詳しく」「解りやすく」解説する熱血先生です。
不動産が今よりもっと好きになる!

健太くん
建築会社に勤務する社会人2年生。建築現場を経験するなか、最近、不動産に対して興味を持ち始めた。

学くん
建太くんの後輩。田舎から出てきたばかりの社会人1年生。少し天然だが、たまに鋭い発言をする。

正子さん
不動産会社に勤務するキャリアウーマン。1年前に住宅ローンを利用して夢のマイホームを手に入れた。

歩実さん
正子さんの大学時代の後輩。IT関連企業に勤務。正子さんの影響で、不動産の購入を検討し始めた。

松井さん
定年後、初めて、自宅マンションの理事長を務めることになった元学校の先生。大規模修繕工事の予定もあって大忙しの毎日を送っている。

大久保さん
松井さんと同じマンションに住む役所勤務の公務員。今年は、理事会の監事として頑張ることになった。騒音問題やペット問題などに強い関心を持っている。

不動産の「はじめの一歩」

はじめに、不動産とは何か、不動産を所有する、不動産と人とお金の関係、という3つのテーマを一緒に考えてみましょう。

今では「不動産」という言葉はごく当たり前に使われていますが、先人たちの知恵と工夫によって、私たちが安心して生活できる「空間」をつくるしくみへと成長してきたのです。

そんなことを少しだけ想像しながら、「不動産」と接してみてはいかがでしょうか。

では、始めましょう！

けんた
建太くん
建築会社に勤務する社会人2年生。建築現場を経験するなか、最近、不動産に対して興味を持ち始めた。

まなぶ
学くん
建太くんの後輩。田舎から出てきたばかりの社会人1年生。少し天然だが、たまに鋭い発言をする。

0-01 不動産てなんだろう

■ 土地と建物は独立した不動産

 建太くん、不動産と聞いてイメージするものは何ですか？

やっぱり土地と建物ですね。でも、室内のキッチンや浴室、庭の樹木や庭石とか、どこまでが不動産なのか、よくわからない部分もあります。

不動産とは何でしょうか？

　不動産業者、不動産投資、不動産取得税など日常的によく耳にする言葉ですが、そもそも「**不動産**」とは何でしょうか。

　不動産と聞いて、ほとんどの人が最初にイメージするのが「**土地**」と「**建物**」だと思います。

　しかし、「**土地とは何か**」「**建物とは何か**」というと、そこから思い浮かべるものは人それぞれです。

　例えば、子供の頃に両親と遊んだ庭付き一戸建だったり、購入したばかりのマンションだったり、父親の経営する工場だったり、穀物を栽培する田畑を想像する人もいるでしょう。

　では、法律的な定義を確認してみましょう。「**民法**」では**不動産**のことをこのように定義しています。

❖POINT❖　民法上の不動産の定義
① 土地及びその定着物は、不動産とする（86条1項）
② 不動産以外の物は、すべて動産とする（86条2項）

　民法の定義では、**不動産は「土地」と「土地の定着物」**ということになります。

　土地は、家やお店が建てられている宅地であったり、田畑や山林も土地です。分かりやすく言うと、海や河川の水に覆われていない**地表（地面）**のことだと考えればいいでしょう。

土地の定着物って？

　土地の定着物とはどのようなものでしょうか？　皆さんが最初にイメージした一軒家やビルなどの**建物**はもちろん土地の定着物です。

　建太くんが疑問に感じた**キッチン**や**浴室**などの付帯設備も、「**容易に取り外しができない**」建物と一体化したものであれば**不動産**とみなされます。

　また、「**動かず土地に定着したもの**」ということであれば、**門塀、樹木、石垣、庭石、川に架けられた橋**なども土地の定着物であり不動産となります。

　つまり、**民法の規定では、不動産の代表となる土地と建物は、それぞれが独立した別々の不動産ということになります。**

　ちなみに、樹木の集まりを**立木**といい、「**立木法**」に基づき**登記**（2-01 参照）された立木は「**土地から独立した定着物**」として扱われます。

　したがって建物と同様、**土地と別々に取引することができる不動産**です。

不動産以外のものはすべて動産です

　そして、土地や土地の定着物（建物など）以外のものはすべて**動産**となります。例えば、家財道具、家電製品、物置や植木鉢など、容易に**動かせるものはすべて動産**として扱われます。

なるほど！　日頃から使い慣れた言葉ですが、不動産にもちゃんとした定義があるんですね。

その通り！　実際の不動産取引でも不動産の定義を理解し、建物内の設備や庭木、庭石などの引渡し状態を当事者間で確認し合うことが重要です。最もトラブルが起こりやすい内容ですからね。

❶ **土地**（宅地、田、畑、山林、原野など）
❷ **土地の定着物**（建物、門塀、樹木、石垣、庭石など）

自動車は動産、不動産？どっち？

　また、不動産と動産の大きな違いに、**不動産は登記をして誰もが所有者を特定できるしくみ**がありますが、家財道具や家電製品、日用品など**動産類には、登記のしくみはありません**。

　子供以外は所有物に名前も書きませんね。

　例外として、**自動車、船舶、航空機**があります。

　自動車も船舶も航空機も「動くもの」「移動するもの」（動産）ですが、**不動産に匹敵するほど財産的価値**があり、規模も大きいため不動産に準じたものとして扱われます。

　また、それぞれ登録や登記によって、不動産と同様に「所有の権利を公示する制度」があることからも、他の動産とは完全に区別されています。

　つまり、動産、不動産の区分は、単に「動くもの」「動かないもの」という物理的状況だけで二分するのではなく、その物の持つ財産的価値や大きさ、用途など多角的に判断されるのです。

■ 土地と建物の種類はどれだけ？

　「不動産とは何か」というイメージがつかめたところで、もう一歩踏み込んだ知識を学んでおきましょう。

　不動産の代表である土地と建物には、それぞれどれくらいの種類があるのでしょうか。

　不動産の所有者や特定できる情報を法務局に登録する**登記制度**に関しては、2-01で詳しく説明しますが、**土地や建物の種類**（土地は**地目**という）は次のように法律や規則で分別されています。

- **土地**　**23種類**（不動産登記法）
- **建物**　**12種類**（不動産登記規則）
- **建物**　**25種類**（不動産登記事務取扱手続準則）

　土地は、**不動産登記法**という法律で地目が定められていますが、建物に関しては、**規則や準則で列挙された種類以外の建物も存在します**。この場合には、実際の用途に応じた種類名をその都度定めることになります。

◎土地の種類

宅地、田、畑、塩田、鉱泉地、池沼、山林、牧場、原野、墓地、境内地、運河用地、水道用地、用悪水路、ため池、堤、井溝、保安林、公衆用道路、公園、雑種地、学校用地、鉄道用地

◎建物の種類

居宅、共同住宅、寄宿舎、店舗、料理店、百貨店、事務所、旅館、ホテル、保養所、工場、作業所、倉庫、物置、納屋、車庫、駐車場、駐輪場、校舎、講堂、体育館、保育園・保育所、教習所、研究所、病院、診療所、集会所、会館・公会堂、停車場、劇場、映画館、遊技場、競技場、野球場、競馬場、公衆浴場、火葬場、守衛室、茶室、温室、蚕室、便所、鶏舎、酪農舎、給油所、発電所、変電所

なるほど！　確かに建物の場合は法律や規則で定めた種類に当てはまらないこともありますよね。

建物は同じ形状でも使用する目的（用途）によって種類が異なりますからね。例えば、倉庫と物置と納屋を、中に収納する物によって使い分けするようなケースです。

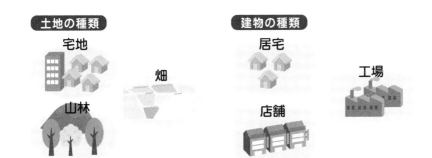

不動産の「所有」を考える

　不動産の「**所有**」に関して説明する前に、少しだけ学校で勉強した歴史の知識をおさらいしましょう。

　現在では、日々当たり前のように不動産の売買や賃貸の取引が行われていますが、歴史的にはいつ頃から**不動産の所有**や**活用**が行われてきたのでしょうか。

　この謎を解くヒントは、どうやら日本の「**お米の成り立ち**」にあるようです。

■「縄張り」から「資産」へ

　日本で本格的に**稲作**が始まったのは、中国から稲作の技術や農具が伝えられた**縄文時代**からと言われています。

　弥生時代から**古墳時代**には水路も整備され日本の広範囲で田んぼが作られましたが、同時に貴族や豪族らの農地をめぐる勢力争いが激化したのもこの時代からです。

　その後の「**大化の改新**」(645年) による**公地公民**（土地は公地であり、民は公民である）の考え方が謳われるまでは、**土地は貴族や豪族らが自らの勢力の及ぶ範囲を示す「縄張り」的な存在**だったわけです。

　歴史上、土地の所有に関わる最も大きな出来事が、**奈良時代**の聖武天皇による「**墾田永年私財法**」(743年) の公布です。

　この法令は、自ら頑張って耕した土地（農地）は自分のものにしてもよいという「**土地の私財化**」を認めたものです。

　当時の富裕層であった寺院や神社、貴族らは、たくさんの農民を雇い入れ、積極的に開墾を行い、「**荘園**」と呼ばれる大農園が広範囲に広がりました。荘園支配の時代の幕開けです。

　当時、荘園から朝廷には**年貢**として「**お米**」が納められており、**現在の税制の始まり**とも言える時代だったわけです。

なるほど！　もともとの土地所有は年貢の徴収手段のようなものだったんですね。もう少し勉強しておけば良かったです（笑）

鎌倉時代、室町時代、江戸時代、時代の流れとともに土地との関わり方も変化し続け、明治時代には地券が発行されたことにより土地の所有権が法的にも証明される形ができました。資産としての不動産の土台が整ったわけですね。

■「所有する権利」の公示は明治時代の「地券」から！

　江戸時代になると、土地、建物の取引が盛んに行われるようになりました。

　当時は沽券（こけん）と呼ばれる、今でいう**売買契約書や権利証にあたる書類**に当事者が印鑑を押しあい、町役人立会いのもと土地売買が行われていました。不動産業者で行われる現在の不動産取引の雰囲気に少し似ている気がしますね。

　ただ、実際には色々と問題やトラブルがあったようです。当時は、現在のように所有者を特定する登記制度がなく、偽物の沽券でお金をだまし取る「なりすまし」による被害もありました。

　また、土地売買だけでなく、**賃貸取引**が盛んに行われるようになったのも江戸時代です。

　当時の貸家は**長屋**（ながや）と呼ばれ、**賃借人「店子」**（たなこ）**は賃貸人「家主」**（やぬし）**から長屋を借りて生活**していました。

　今でも、数軒の家屋が連なった連棟式住宅のことを長屋と呼んでいますし、家主や店子といった言葉も使われています。

大家さんは管理人だった時代

　ここで1つ興味深いお話をしましょう。当時、家主、店子の他に**大家**（おおや）という存在がいました。現代では大家は賃貸人（オーナー）という意味で使われていますが、当時は家賃や地代の取り立てや長屋の管理を任されていた**管理人のことを大家とか家守**（やもり）**と呼んでいた**のです。

現在と内容は異なりますが、不動産取引（売買、賃貸）や管理の起源もこの時代にあったようですね。

土地の所有を公示する制度が整った明治期

　そして、不動産取引の体制が国の制度として整ったのは、その後の明治時代のことです。

　明治時代初期、1872年の太政官布告第50号で田畑永代売買禁止令（1643年）が解除され、**自由な土地取引**が認められました。

　また、所有者、地目、地積、地価などを記した**地券**が明治政府から土地所有者に交付されたことにより、**土地を「所有する権利」が公示される制度**が整ったのです。

■「何処」を所有しているのか

　不動産の所有を考える場合、最初に必要なことは**「何処から何処まで」という「範囲」を特定すること**です。

　その上で**「誰」が所有しているのかが分かる状態**であることが必要です。

　古代のように「ココはオレの縄張りだ」と頑張っても、肝心な「ココ」と「オレ」が他の人から見て分からないと土地を巡る争いが起きてしまいます。

　まず、土地の範囲に関しては、**「地表（地面）を境界点と境界線で区分」**することで特定します。

　境界に関しては、2-03でも詳しく説明しますが、地図上で「ココからココまで」と線を引いて範囲を示すイメージです。

　そして、境界点と境界線で分けられた区画を**「筆」**（「ひつ」または「ふで」）という単位で1筆、2筆と数え、それぞれの区画の位置が特定できるように**「地番」**という番号が付けられています。

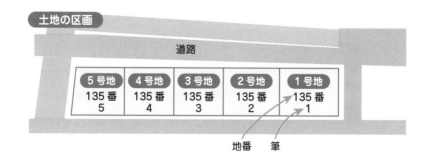

　次に、**建物**は「**屋根があって柱と壁で囲まれている工作物**」をいい範囲は特定しやすいのですが、どの建物かを特定できるように「**家屋番号**」という番号が付けられています。

　そして、建物は「**戸**」または「**棟**」という単位で数えます。

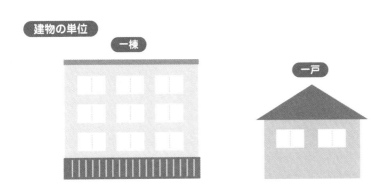

建物の単位

一棟

一戸

■「誰が」所有しているのか —— 登記という制度

　「不動産を誰が所有しているか」ということを、他の人からみて分かる状態を整えるにはどのようにすればいいのでしょうか。

　例えば、ある人物が目の前に現れ、「良い土地があるんだけど買わないか」と声を掛けられたとしたらどうでしょうか。

　まず、「**どの土地か**」ということと「**本当に本人が所有しているのか**」という2点を確認しないと、安心して購入を検討できません。

　仮に、「**どの不動産を誰が所有しているのか**」が確認できないまま、個人間で自由に取引ができてしまうと、実際には別の不動産だったり、他の人の不動産だったなんてことが当然に起こり得るわけです。

　そこで、明治32年に制定されたのが「**不動産登記法**」であり、その後の改正により現在の**不動産の登記制度**が確立されました。

　登記に関しては2-01でも説明しますが、登記制度が確立されたことによって、**どの土地（地番）、どの建物（家屋番号）を誰が所有しているのか（誰が所有名義人か）という内容が登記という形で公示できる体制**が整ったわけです。

登記により**土地を所有する権利（所有権）**を取得した人は、建物を建てたり、人に貸して地代をもらったり、売却したりすることができるようになります。

❖ＰＯＩＮＴ❖　所有権を持つ人の権利

❶ **使用する権利** ⇒　建物を建てる、耕作物を栽培する
❷ **収益を得る権利** ⇒　借地として人に貸して地代をもらう
❸ **売却する権利** ⇒　売却してお金に換える

不動産登記でどこを誰が持っているのか分かれば安心して取引できますね。

不動産登記制度は不動産の情報を正しく登録して公示することで安心安全な取引ができることを目的にしています。大切な資産ですから、しっかりと守らないといけませんね。

■土地の所有権の及ぶ範囲 ── 上空と地下は？

　不動産の所有権を取得することによって、原則、その土地や建物を自由に利用することができるわけですが、土地の所有権に関して１つの疑問が生じます。

　例えば、自分の所有する土地の地下に地下鉄が走っていたり、上空を航空機が飛んでいるのは、問題ではないのかという疑問です。

　結論的には、**土地の所有権は地表（地面）だけでなく地上と地下にも及びます。**

　まず、**地下に関しては「大深度地下使用法」**により所有権が及ぶ範囲が規定されており、**「地表から40ｍまで」**とされています。

　つまり、**地表から40ｍを超える深さでは公共的な利用（地下鉄など）が可能**と定められているわけです。

　では、地上はどうでしょうか。結論的には、日本では、**土地所有権の上空に及ぶ範囲（高さ）を直接規定した法律は存在しません。**

　しかし、考え方のヒントになるものとして、**「航空法」による最低安全高度**の規定があります。

　具体的には**「建物など最も高い障害物の上端から300mの高度」**、つまり、土地の場合であれば、**地表（地面）から上空300m以内**を飛行する時は土地所有者の承諾が必要という規定です。

　「上空にも所有権が及ぶ」という考え方のヒントとして覚えておきましょう。

土地所有権の範囲

航空法による最低安全高度の規定。
民間所有の土地の上空300m以内を飛行する
には土地所有者の承諾が必要。所有権を考え
る上でのヒントとなる規定です。

大深度地下使用法による制限。
地表から40m以深、建物の基礎杭の支持地盤の上面から
10m以深のうち深い方の地下を一般的に土地の所有権が
及ぶ範囲としています。

0-03 不動産と人とお金の三角関係

 不動産には２つの「価値」があるのをご存知でしょうか。１つが「使用価値」、そしてもう１つが「資産価値」です。不動産と人とお金の関係を考える上で最も基本となる仕組みです。

■ 特定の人だけに価値がある「使用価値」

　「**使用価値**」とは、不動産の所有者や使用者が**不動産を利用することによって得られる「効用」**をいいます。

　例えば、農地の所有者が耕作物を栽培して利益を得たり、工場を借りて商品を製造したり、店舗を借りて飲食店を営業したりといったケースが**使用価値**です。

　また、賃貸で家を借りるケースも、「生活の場」として使用することに価値を認め、その対価として家賃を支払うわけですから、これも**使用価値**といえます。

　使用価値の特徴は、実際に**不動産を利用する特定の人にとっての価値**であるという点です。

　農業従事者でない人にとっては、売却もできず、宅地にも転用できない農地は価値が低いと考えられますが、農家にとっては生活を支える大切な収入源です。

　古く汚れた工場に月 100 万円の賃料を支払っても、毎月 1000 万円以上の利益を生み出す企業にとっては、会社と従業員を守る大切な製造拠点です。

　仕事以外の習い事にも時間をかけたい人にとって、勤務先に近く利便性の良い物件は、少し家賃が高くても、お金に換算できない貴重な時間を生み出します。

❶ 特定の人が認める価値である
❷ 所有者、使用者（賃借人など）にとっての価値である

■市場で換金できる「資産価値」

　「**資産価値**」とは**不特定の人に認められる価値**、言い換えれば、物件を売却する場合に**市場で需要が見込める「価格」**のことだと考えればよいでしょう。

　建物に関しては、時間の経過とともに価値は下がり続けますが、土地は経済情勢に左右されるものの、**経年劣化のない永続性を持つ資産**である点が特徴です。

　例えば、新築時に 8,000 万円で成約された一戸建の資産価値は 8,000 万円です。同じ物件を 10 年後に売却する場合に、建物の減価償却（経年により価値が下がること）と土地の市場相場から 5,000 万円が売却可能な価格と判断されれば、その時点での資産価値は 5,000 万円ということになります。

　また、年間 500 万円の賃料収入が得られる収益マンションで、市場で売却可能な利回りが 8 ％だとすると、資産価値は 6,250 万円という計算になります（不動産価格 ＝ 年間賃料収入 ÷ 利回り）。

❶ 不特定の人に認められる価値である（市場で通用する価格）
❷ 所有者にとっての価値である

確かに自分にとっては家族との思い出の詰まった大切な家も、市場で売れる価格となると別問題ですよね。

その通りです！　熟練の宮大工が丹精込めて作りあげた頑丈な住宅も、築50年も経てば銀行は担保として認めません。それが資産価値というものです。

■ 資産価値から使用価値へ

　少子高齢化に伴う人口減少、新築マンションの過剰供給により、相続人の
いない土地や所有者不明の空き家問題が深刻な社会問題となっていますが、
時代とともに人々の**不動産に対する考え方や価値観**にも大きな変化が表れ
ています。

　確かに、いつの時代も土地が永続的な資産であることに変わりはなく、立
地や地形、道路付けの良い土地は一定の需要が期待できるわけですが、**「資
産」としての不動産が「使用」価値のある不動産へ**と確実に変化している
のは事実です。

　最も分かりやすい例が、ショッピングセンターやファミリーレストランの
「事業用定期借地権」による多店舗展開のケースです。

　幹線道路沿いで好立地の土地を購入し、膨大な建築費をかけて固定資産税
を払い続けていくことを考えるのであれば、一定期間、土地を借りて店舗展
開を図る方が出店費用も抑えられ、事業計画期間中の利益も確実に上げられ
ます。

　しかも、**経済事情の変化による資産価値の変動や借入金の金利変動リスク
も軽減できる**わけです。

　昔は会社でしっかり働いてマイホームを持つことが
立派な大人になった証だったと父親が話してまし
た。今はライフスタイルが重視される時代ですよね

　いつの時代も不動産は価値ある存在です。ただ、時
代とともに不動産に求められる価値の内容が変化し
てきているんです。不動産の証券化もその1つです

■「所有せず」「使用せず」不動産オーナーになる
（不動産の証券化）

　不動産と人とお金の関係の締めは「**不動産の証券化**」についてお話しまし
ょう。

　不動産の**使用価値**も**資産価値**も、使用に伴う利益や賃料、売却に伴う代金

など不動産と人とお金の関係が直線的で分かりやすいのが特徴です。

　これに対し不動産証券化システムでは、投資家は不動産を所有せず、**収益物件を保有するビークル**（Vehicle）という会社に出資します。

　不動産を所有し家賃収入を得る通常の不動産投資との大きな違いは、**投資家は不動産を所有せず、運用利益に対する配当を受け取る**点です。

　金融機関の融資を利用する場合も、所有者自ら借金をする不動産投資と違い、投資家は借金をする必要はなく、融資を受けるのはビークルとなります。

　また、不動産投資の場合、家賃収入から借入金の返済、管理費などの諸経費を控除した分が手元に残るお金ですが、不動産証券化システムの場合、ビークルの法人税支払い前の利益が原資となるため、配当が大きくなる傾向があります。

　しかし、運用利益が出せなければ、株式投資と同様、証券も価値は下がります。不動産を資産として所有するケースとはまったく異なる点は押さえておきましょう。

　不動産証券化で最も一般的な金融商品に**「REIT」（リート）**があります。REIT は、1960 年代にアメリカで生まれた金融商品で「Real Estate Investment Trust」（**不動産投資信託**）の頭文字の略称で、日本では、2001 年 9 月に「J-REIT」（J は Japan の頭文字）として上場しています。

　J-REIT は、**投資家から集めた資金**を基に**オフィスビル、マンション、商業施設などを購入**し、**賃料収入など運用利益や売却益を投資家に配当**する商品です。

REITのしくみ

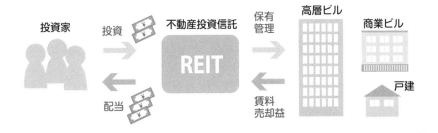

金融機関の販売する投資信託の多くは有価証券（株式、債券）が投資対象であるのに対し、J-REIT はその名のとおり不動産を投資対象とした金融商品です。

　投資家は**「所有せず」「使用せず」間接的に不動産オーナーになる**わけです。

＜不動産投資＞

❶ 不動産を所有する

❷ 投資を始めるための資金が高額である

❸ 投資家自身が金融機関から借金をする

❹ 家賃収入から借入返済額や諸費用を控除した残りが手取りとなる

❺ 収益性が落ちても不動産としての一定の価値は残る

＜不動産証券化＞

❶ 不動産を所有しない（ビークルが所有する）

❷ 投資を始めるための資金が少額である

❸ 投資家は金融機関から借金をしない（ビークルが借金する）

❹ ビークルの法人税支払い前の利益が配当の原資となる

❺ 利益が出なければ紙切れ同然である

私の「家づくり」
みんなの「街づくり」

　1日目は、不動産に関わる法令上の制限を「街づくり」「家づくり」という視点から考えます。

　都市計画法、建築基準法など不動産に関わるすべての法律には、私たちの「快適で住みよい生活空間」を実現するための大切な役割があります。

　この章を学べば、あなたの街、家族と過ごす生活空間が、どのように創られてきたか、理解できるようになります。

建築会社に勤務する社会人2年生。建築現場を経験するなか、最近、不動産に対して興味を持ち始めた。

建太くんの後輩。田舎から出てきたばかりの社会人1年生。少し天然だが、たまに鋭い発言をする。

都市計画法と区域区分

■ 都市計画法は街づくりの法律

　どのような街にもその街の姿「街並み」というものがあります。

　高層ビルが立ち並ぶ都心部も、緑が多く静かな住宅街も、決して自然にできたわけではなく、街づくりのルール（法律）のもとで、長い年月をかけて創り上げられてきた姿なのです。

　不動産に関わる数多くの法律のなかでも、「快適で住みよい街づくり」のための最も基本となる法律が、これから説明する**「都市計画法」**です。

みなさんの生活する街はどのようなところですか？

マンションがいっぱいです。便利なのはいいのですが、緑が少ないですね。

僕の実家は田んぼや畑がたくさんありますよ！
でも、どうして都会と田舎がはっきりと分かれているのかな？

■ 都市計画区域は街づくりのスタートライン

　学くんは、大変良いところに気がつきましたね。

　都市計画法による街づくりは、日本のすべての地域で行われるわけではなく、**「計画的に街づくりを行うエリア」を指定する**ことから始まります。

　この街づくりを行うエリアのことを**「都市計画区域」**といい、指定された区域には、私たちの生活に必要な公共施設（道路、公園、下水道、河川、学校、病院、図書館など）が計画的に作られます。

なるほど！　私たちの税金が街づくりに役立ってるわけですね

その通りです！そして、バランスのいい快適な街づくりを実現するたるために、都市計画区域は更に2つのエリアに分けられているんです。

■「線引き」で分ける2つのエリア（区域）

　都市計画区域は、積極的に街づくりを進めるエリアである「**市街化区域**」と、街づくりを抑えるエリアである「**市街化調整区域**」に分けられます。

　この2つの区域の区分は、地図上で線を引いてエリア分けするイメージから「**線引き**」と呼ばれます。

❖POINT❖　市街化区域と市街化調整区域

❶市街化区域

積極的に街づくりを行うエリア。公共事業として、道路、公園、下水道など公共施設が計画的に整備されます。もちろん、建物の建築も可能です。

❷市街化調整区域

街づくりを抑えるエリア。農林漁業を営む人の住宅や駅舎、図書館、公民館など公益上必要なもの以外は、原則、建物を建てることはできません。

そういえば、両親が田舎では住宅を建てられない場所があるって話してました。ひょっとして、それが市街化調整区域のことですか？

その通りです！　街づくりには、たくさんのお金が必要です。将来的に発展させたいエリアを選んで、計画的に街づくりを進めているんです。緑や自然、田畑も守らないといけませんからね！

土地の資産価値を考える場合、「いかに活用できるか」がキーポイントです。市街化区域も市街化調整区域も、それぞれ「街づくり」ための大切な役割がありますが、将来性という視点では、**市街化区域の方が資産価値が高い**といえます。

　これから、市街化区域における「街づくり」の仕組みを考えていきましょう。

■規制が最も緩やかな非線引き区域

　都市計画区域には、街づくりを積極的に推し進める市街化区域と、街づくりを抑える市街化調整区域のどちらにも区分されていない区域があります。

　この**どちらにも該当しない区域を「非線引き区域」**といい、街づくりを「進める」「抑える」という計画的な調整が図られていないため、土地売買や開発に対する**規制がすごく緩やか**です。

　上下水道などライフラインも整備されていない地域が多いなか、ピンポイントで開発された地域が入り混じり、**土地としての資産価値が低い**のが特徴です。

1-02 建築基準法と用途制限

都市計画法とともに不動産に関わりの深い法律に「**建築基準法**」があります。都市計画法が「街づくりの法律」なら、建築基準法は「**家づくりの法律**」です。

都市計画法の定めに基づき、**実際に建物を建てる場合の具体的な建築制限を行っているのが建築基準法です。**

 都市計画法や建築基準法を学ぶポイントは、どのような「場所」に、どのような「建物」が建築でき、どのように「活用」できるかを知ることです！

■市街化区域に13種類の用途地域

都市計画法では、計画的な街づくりの第1ステップとして、**市街化区域内に13種類の「用途地域」を指定**しています。

❖POINT❖　用途地域とは

用途地域とは、建物の種類「用途」による地域区分で、建築基準法では、用途地域ごとに、住宅、店舗、事務所、旅館、学校、病院、倉庫、工場など、建築可能な建物の内容を明確に定めています。これを「**用途制限**」といいます。

 13種類って結構ありますね。具体的にどのような地域があるんですか？

まず、住居系、商業系、工業系の大きく3つのグループが作られ、それぞれのグループのなかで更に細かく地域が指定されているんです。

どうして用途別に地域を分けるんですか？　色々な建物があった方が活気があって、便利だと思うのですが……。

例えば、閑静な住宅街に深夜営業を行う風俗ビルがあったり、激しい騒音が鳴り響く工場地域に学校や病院があったりするとバランス悪いですよね。つまり、「住む」「営む」「作る」という3つの視点で、最適な地に、最適な用途の建物を集めて、快適で住みよい街づくりを目指しているんですよ。

種類	用途地域	特徴
住居系 （8種類）	第一種低層住居専用地域	閑静な住宅街、最も規制が厳しい地域
	第二種低層住居専用地域	閑静な住宅街、小さい店舗はOKです
	第一種中高層住居専用地域	中高層住宅、病院、大学は建築可能
	第二種中高層住居専用地域	中高層住宅、中規模事務所もOKです
	第一種住居地域	住宅はもちろん、中規模店舗・事務所もOK
	第二種住居地域	住宅に加え、旅館、カラオケボックスもOK
	準住居地域	幹線道路沿いの地域、倉庫や大規模駐車場も建築可能です
	田園住居地域	低層住宅、農業用施設、農業関連店舗が建築可能です
商業系 （2種類）	近隣商業地域	住宅、大規模店舗・事務所、倉庫などすべて建築可能です
	商業地域	都心部の繁華街、オフィスビル街、最も規制が緩やかな地域です
工業系 （3種類）	準工業地域	住宅と工場の共存地域、店舗や倉庫も建築可能です
	工業地域	工場が中心、住宅はOK、病院、幼稚園、学校はNGです
	工業専用地域	正真正銘の工場地域、唯一の住宅NG地域

なるほど！　そう考えると、街ごとに特徴があるのがよく分かりますね！

「住む」「営む」「作る」は人の生活に欠かせないものですが、建物を建築する立場で考えると、制限が厳しい地域もあれば緩い地域もあるんです。

　建物を建築する上で最も**制限の厳しい用途地域**が、**第一種低層住居専用地域**や**第二種低層住居専用地域**といった、いわゆる「閑静な住宅街」に多い地域です。

　これらの地域では、住宅、小中高等学校、診療所などは建築可能ですが、店舗や事務所、倉庫などは建築できません。まさに**「住む」に特化した地域**です。

　また、「作る」に特化した**工業専用地域**では、倉庫や工場以外の建物は厳しく制限されます。住宅や学校はもちろん、店舗やホテルなども禁止されています。

　最も制限の緩やかな地域が商業地域で、危険物の貯蔵施設など一部の用途を除き、ほとんどの建物が建築可能です。「営む」地域は、経済活動の中心となる地域であるため、幅広い用途に対応しているわけです。

■用途地域をまたぐ場合は過半の地域

あっ、いいこと思いつきました！　第一種低層住居専用地域と第一種住居地域にまたがる土地を探せば、小さいお店を建てることができますよね！

学くん、なかなか鋭いですね！　でも、敷地が用途地域をまたぐケースには、ちゃんとしたルールがあるんです。

用途制限を学んでいくと、ある疑問が生じます。

それが、「**敷地が異なる用途地域をまたぐ場合、どちらの用途制限を受けるのか**」という内容です。

学くんが考えたように、第一種低層住居専用地域の場合、店舗や事務所は建築できませんが、第一種住居地域であれば、小さい店舗や事務所は建築可能です。

敷地が工業地域と工業専用地域にまたがる場合、工業専用地域では建てられない住宅が、工業地域であれば建築できるということになります。

このようなケースに対し、建築基準法では、明確なルールを定めています。

❖**POINT**❖　用途制限の異なる地域にまたがる場合

敷地が用途制限の異なる地域にまたがる場合、敷地の過半が属する地域の規制が適用されます。つまり、**広い方の用途制限に従う**ということです。

▶ ケース1

第一種低層住居専用地域	第一種住居地域

店舗・事務所　⇒　建築できない

▶ ケース2

工業地域	工業専用地域

住宅　⇒　建築できない

建蔽率と容積率を学ぼう！

1-03

　用途制限はいかがでしたか。地域ごとに建物が使用される目的を細かく指定して、街にいろいろな目的の建物が混在しないよう、「快適で住みよい街づくり」の土台が創られています。

　次は、**建物の「広さ」と「大きさ」に対する建築制限**です。これから学ぶ2つの建築制限により、デコボコがなくバランスいい街づくりが実現されています。

■ 建蔽率(けんぺいりつ)は建物の「広さ」を制限します

郊外では、敷地に余裕がある家が多いのに、都会では、どこも敷地いっぱいまでギュウギュウ詰めに建物が建てられているのはどうしてですか？

それは、建築基準法で建物の「広さ」に関する制限を定めているからです。自分の土地であっても、自由に建物を建築できるわけではありません。

　建築基準法では、「**建蔽率(けんぺいりつ)**」という建物の「広さ」に対する制限があり、用途地域ごとにその上限となる数値が決められています。

　具体的に、**建蔽率は、「敷地面積」に対する「建築面積」の割合で示します**。建築面積とは、建物を真上から見た水平投影面積ですが、実質的には、建物の各階で最も広い1階部分の床面積と考えればよいでしょう。

> **計算式** 建蔽率(%) ＝ 建築面積 ／ 敷地面積 × 100

《具体例》

用途地域：第一種低層住居専用地域、建蔽率：50％、敷地面積：200㎡
⇒ 建築できる建物の「建築面積」は？
200㎡×50％＝（建築面積の上限）100㎡ ⇒ 建築可能

　この具体例でも分かるように、簡単に言うと、「敷地全体の何％くらいまで建物を建ててよいのか」を定めているのが建蔽率です。

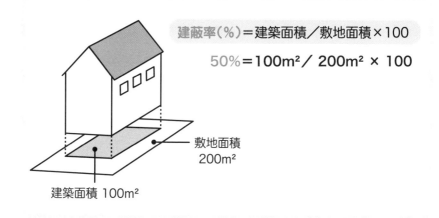

建蔽率（％）＝建築面積／敷地面積×100

50%＝100m² / 200m² × 100

敷地面積
200m²

建築面積 100m²

■ 容積率は建物の「大きさ」を制限します

なるほど！　ということは、建蔽率をオーバーしないように、建物をどんどん上に延ばせば広い家が建てられ、土地の有効活用にもなりますね！

それはいいアイデア！とは言えません。建築基準法には、「広さ」の他に、もう１つ「大きさ」に対する制限があるんです。

　建築基準法には、「大きさ」に対する建築制限として「容積率」が定められています。

　容積率とは、敷地面積に対する延床面積の割合で、建蔽率と同じように、用途地域ごとに上限となる数値が指定されています。容積率の計算式はこうなります。

《具体例》

用途地域：第一種低層住居専用地域、容積率：100％、敷地面積：200㎡
⇒建築できる建物の「延床面積」は？
200㎡×100％＝（延床面積の上限）200㎡ ⇒ 建築可能

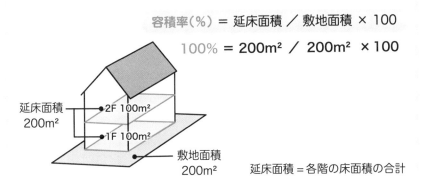

容積率(%) ＝ 延床面積 ／ 敷地面積 × 100

100% ＝ 200m² ／ 200m² × 100

延床面積
200m²

2F 100m²
1F 100m²

敷地面積
200m²

延床面積＝各階の床面積の合計

　このように、建蔽率と容積率の考え方を理解すると、土地を探して「**何階建ての家が建築可能か」を計算する**ことができます。
　例えば、敷地面積200㎡、建蔽率50％、容積率100％の場合、建築面積100㎡（200㎡×50％）、延床面積200㎡（200㎡×100％）の建物、つまり2階建の建物が建築可能ということになります。

❖POINT❖　前面道路幅員による容積率制限

前面道路が**4ｍ以上12ｍ未満**の場合、容積率は、前面道路幅員に一定率を乗じた数値以下であることが必要です。用途地域ごとに指定された数値と比較して、**小さい数値（＝厳しい制限）**が適用されます。※係数は自治体で確認

❶住居系8地域　前面道路幅員（m）×※4/10（6/10）＝基準容積率（%）

❷その他の地域　前面道路幅員（m）×※6/10（4/10または8/10）＝基準容積率（%）

■ 建蔽率＆容積率の厳しい地域と緩い地域

　用途地域ごとに指定された建蔽率や容積率は、「住む」ことを目的とした住居系の用途地域、特に、閑静な住宅街に多い**第一種低層住居専用地域・第二種低層住居専用地域**などは、厳しく制限されています。

　日当たり、風通しのよい快適な生活環境を維持するために、敷地に余裕を持たせ、建物の高さも抑えなければいけません。

　一方で「営む」ことを目的とした**商業系の用途地域**では、土地の有効活用が図られ、建蔽率、容積率とも制限が緩やかです。

　特に、高層建築物が集中する大都市圏にある商業地域では、指定容積率が1000％を超える地域も存在します。

■ 用途地域をまたぐ場合は面積按分（加重平均）

　　敷地が２つの地域にまたがる場合はどうなりますか？　用途制限のように広い方の制限を受けるのでしょうか？

　　建太くん、さすがは建築会社の若手ホープですね！家を建てる場合、建蔽率と容積率の計算はすごく重要です。ここで、しっかり覚えておきましょう。

　建築基準法では、用途制限と同様に、異なる用途地域にまたがる敷地における建蔽率と容積率の取り扱いに関して、明確に規定しています。

❖**POINT**❖　　複数の用途地域にまたがる場合

敷地が複数の用途地域にまたがる場合、建蔽率や容積率は、敷地面積を各地域ごとに面積按分（加重平均）し計算します。

《具体例》

敷地面積300㎡のうち、

第1種低層住居専用地域 200㎡（建蔽率50%、容積率100%）、

第1種住居地域 100㎡（建蔽率60%、容積率200%）

の場合

⇒ 建築できる建物の「建築面積」と「延床面積」は？

敷地面積　300㎡

第1種低層住居専用地域 200㎡ 建蔽率　50% 容積率100%	第1種住居地域 100㎡ 建蔽率　60% 容積率200%

（a）建築面積の計算

200㎡ × 50% + 100㎡ × 60% ＝（建築面積の上限）**160㎡**

建蔽率の計算

（建築面積）160㎡ /（敷地面積）300㎡ × 100 ＝ **53.33%**

（b）延床面積の計算

200㎡ × 100% + 100㎡ × 200% ＝（延床面積の上限）**400㎡**

容積率の計算

（延床面積）400㎡ /（敷地面積）300㎡ × 100 ＝ **133.33%**

1-04 建築物と３つの高さ制限

　用途制限、建蔽率に容積率、「快適で住みよい街づくり」という都市計画法や建築基準法の目的を考えると、それぞれの制限の意味合いがよく理解できます。

　これから学ぶ建築物の**高さ制限**は、私たちが快適で健康的な生活を送る上で欠くことのできない**日当たりや風通しを確保するための建築制限**です。

■ 住居系３つの用途地域と「絶対高さ制限」

　用途地域のなかでも、低層の住宅が集まる地域には、「**絶対高さ制限**」という**建築物の高さ規制**があります。

　具体的には、第一種低層住居専用地域、第二種低層住居専用地域、田園住居地域の３地域に適用され、**建築物の高さは10ｍまたは12ｍに制限**されます。

絶対高さ制限で定める10ｍ（12ｍ）は、ハウスメーカーの標準的な木造３階建くらいの高さになります。

■ 日照権トラブルを防止する「日影規制」

母が、隣の空き地にマンションが建ったら、洗濯物が乾かなくなるって心配してるんですが、日当たりを守る法律とかってあるんでしょうか？

建築基準法では、建築物の日当たりを確保する目的で、２つの建築制限を定めています。その1つが日影規制、もう1つが斜線制限です。

　日照権<ruby>日照権<rt>にっしょうけん</rt></ruby>という言葉をご存じでしょうか。日照権とは、私たちが快適で健康的な生活を送るために、建築物の日当たりを確保する権利です。

　日照権を巡るトラブルは深刻です。精神的ストレスから転居を余儀なくされたり、お隣同士で紛争になることもあります。

　建築基準法では、**高さ10m**（第一種低層住居専用地域、第二種低層住居専用地域、田園住居地域は軒の高さが７m超または地階を除く階数が３以上のもの）**を超える建築物を日影規制の対象**としています。

　１年で最も日が短い冬至日の午前８時から午後４時までの間に隣接地に一定時間以上の日影を生じさせないように規制しています。

　日影規制は住宅地における日照確保を目的としているため、用途地域のなかでも、**商業地域、工業地域、工業専用地域は規制の対象外**となります。

■「斜線制限」は勾配面の高さ制限

　マンションとか、上の階にいくほど、ひな壇式になってる建物を見かけますが、あれも、ひょっとして高さ制限の１つですか？

　いいところに気が付きましたね！　斜線制限といって、道路や隣地との間の空間確保を目的に、勾配面で建築物の高さを制限しています。

道路斜線制限

　敷地の面する**道路の向かい側の日照の確保、通風確保を目的**に道路向い側境界線から一定距離の**勾配面で高さを制限**します。

　勾配の適用角度は１：1.25（主に住居系）または１：1.5（主に住居系以外）の２種類です。

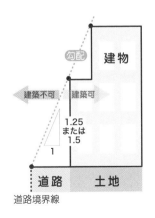

隣地斜線制限

隣地に面した建物の高さ20m（住居系以外の用途地域は31m）を超える部分について**一定距離の勾配面**で高さを制限します。

勾配の角度は1：1.25（住居系以外の用途地域は1：2.5）です。

隣地斜線制限より厳しい絶対高さ制限を受ける第一種低層住居専用地域、第二種低層住居専用地域、田園住居地域では適用されません。

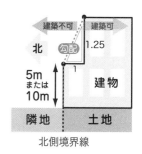

隣地境界線

北側斜線制限

北側隣地の日照確保を一番の目的に、第一種低層住居専用地域、第二種低層住居専用地域、田園住居地域では北側境界線上5m、第一種中高層住居専用地域、第二種中高層住居専用地域では北側境界線上10mを超える部分について**一定距離の勾配面**で高さを制限します。

勾配の角度は1：1.25です。

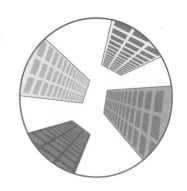

北側境界線

天空率は斜線制限の緩和措置

街を歩いていると「これって明らかに斜線制限違反？」と感じる物件を見かけますが、このようなケースは**「天空率」を利用している可能性**があります。

天空率とは、斜線制限ごとに決められた測定ポイントに立ち、魚眼レンズで**真上を見上げた時に円のなかで空の見える割合**を定めたもので、**斜線制限の緩和措置**です。

斜線制限に掛かっても、天空率をクリアできれば建築可能となります。

防火地域と準防火地域

　用途制限では、目的の違う建物が混在しない秩序ある街づくりを進め、**建蔽率、容積率、高さ制限**では、日当たりや風通しの良い、ゆとりある家づくりが実現されます。

　しかし、本当の「快適で住みよい街づくり」を実現するためには、もう1つ大切な要件があります。それが、**「安全面」に配慮した地域区分と建築制限**です。

■安全面から考える家づくり＆街づくり

　家づくりや街づくりを「安全面」から考えてみましょう。
　必ず必要となるのが

❶ **地震など自然災害に対する対策**

　木造建築物の多い日本ならではの課題である

❷ **火災に対する延焼防止策**

　です。

　地震対策に関しては、3日目「夢を形に！建築のキホン」で詳しく説明することとして、ここでは、**火災に対する法制度と建築制限**を考えましょう。

■大規模災害を防止する防火地域・準防火地域

昔からの商店街とか、狭い路地をへだててギュウギュウ詰めに建ち並ぶ古い木造住宅を見ていると怖くなります。

本当ですね。都市計画法では「万が一」に備え、市街地での火災発生時の延焼を防ぐ地域を決めているのです。そして、その地域に建築基準法で具体的な規制をして防火の対策をしています。

住宅や商業施設が密集する都市部や駅周辺の繁華街は、火災発生時の危険性が極めて高く、延焼による被害の拡大を防止する具体的対策が必要不可欠です。

都市計画法では、都市防災、建物不燃化を目的とした**「防火地域」「準防火地域」という地域指定**を行い、**指定地域内における建築制限**を定めています。

防火地域は、マンションや高層ビル、商業施設などが集中する大都市圏や主要幹線道路沿いを中心に指定され、火災、延焼による被害の拡大を防止するために厳しい建築制限が設けられています。

また、防火地域を取り囲むように指定されている**準防火地域**は、防火地域よりも規制は緩やかですが、建築物の階数や面積に応じた建築制限があります。

■ 耐火建築物と準耐火建築物

防火地域と準防火地域では、建築物の階数、床面積により、建築できる建物に制限があります。1つが**耐火建築物**、もう1つが**準耐火建築物**です。

耐火建築物とは

耐火建築物とは、主要な構造部（壁、柱、床、梁、屋根、階段など）に耐火性のある材質が使われている建物です。火事が起きたとき一定時間は燃焼で倒壊せず、外壁の開口部で延焼を防ぐために防火戸や防火設備を施した建物です。一般的に RC 造、レンガ造、鉄鋼モルタル造などになります。

❖**ＰＯＩＮＴ**❖　耐火構造とは

耐火構造は、主要構造部が火災発生から 30 分から最長 3 時間、熱や炎に耐える性能（耐火性能）を備えた建築物の構造で、下表のように建物の階数と構造部分ごとに耐火時間が設定されています。

構造部分の種類		最上階及び最上階から数えた階数が2以上で4以内の階	最上階から数えた階数が5以上で14以内の階	最上階から数えた階数が15以上の階
壁	間仕切壁（耐力壁に限る）	1時間	2時間	2時間
	外壁（耐力壁に限る）	1時間	2時間	2時間
柱		1時間	2時間	3時間
床		1時間	2時間	2時間
はり		1時間	2時間	3時間
屋根		30分間		
階段		30分間		

総務省「e-Gov法令検索（建築基準法施行令第百七条）より

準耐火建築物とは

　準耐火建築物とは、耐火建築物以外の建築物で主要構造部を準耐火構造としたもの、もしくは、準耐火構造と同等の準耐火性能を有する建物です。外壁の開口部で延焼のおそれのある部分に政令で定める構造の防火戸や防火設備を施したものをいいます。

❖POINT❖　準耐火構造とは

準耐火構造は、耐火構造よりも緩やかな基準となっており、壁、柱、床、梁が火災発生から45分間、倒壊したり、他に延焼したりしない構造をいいます。

《防火地域・準防火地域の建築制限》

防火地域	3階以上（地階を含む）または 延床面積100㎡超	耐火建築物
	上記以外の建築物	耐火建築物 準耐火建築物
準防火地域	4階以上（地階を除く）または 延床面積1,500㎡超	耐火建築物
	3階以下（地階を除く）かつ 延床面積500㎡超1,500㎡以下	耐火建築物 準耐火建築物
	3階（地階を除く）かつ 延床面積500㎡以下	耐火建築物、準耐火建築物 ※技術的基準適合建築物

※外壁と軒裏を防火構造、屋根を不燃材料、開口部に防火戸を設けるなど、一定の防火対策を施した建築物

建太先輩や会社の上司からも聞いてます。耐火構造は基準が厳しくて、限られた敷地内で、施主さんの要望通りに建築できないこともあるって。

その通りです。他の建築制限と違って、住民の生命、安全面を一番に考えた規制ですからね。要求される技術基準も当然厳しくなります。

■防火地域と準防火地域にまたがる場合

　対象地が**防火地域と準防火地域にまたがる場合**、**厳しい地域である防火地域の規制が適用**されます。

　また、地域指定が見直しにより厳しい地域に変更となった場合、必要とされる基準を満たさなくなると「**既存不適格建築物**」となり、建替えのときは、変更後の基準での建築が必要となります。

❖**POINT**❖　既存不適格建築物とは

既存不適格建築物とは適法に新築された建築物が、後の法令改正により、必要とされる基準を満たさなくなったものをいいます。

防火地域・準防火地域の建築制限だけでなく、用途、建蔽率、容積率、高さ制限など、すべての法令上の制限が該当します。

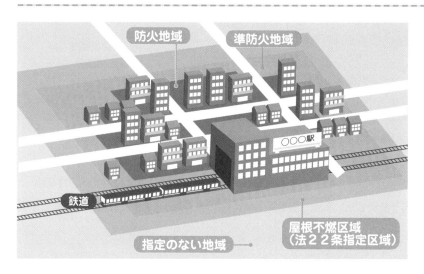

低層住居系地域に多い屋根不燃区域（法22条指定区域）

　防火地域や準防火地域以外の木造住宅密集地に指定される「**屋根不燃区域**」（法22条指定区域）では、屋根、外壁など延焼のおそれのある部分に**不燃材（コンクリート、瓦、レンガ、鉄鋼など）の使用が義務付け**されています。

　屋根不燃区域は、第1種低層住居専用地域や第2種低層住居専用地域などに多く見受けられます。

敷地と道路の関係（その１）

建築基準法には、**「どのような建物を建ててよいのか」**という制限がたくさんあり、これまで学んだ建蔽率や容積率、高さ制限は、その代表格となるものです。

ここでは、そもそも**「建物を建ててよいのか」**という、土地活用や資産価値を考える上で最も重要な制限を学びます。それが**「接道義務」**です。

■ 土地の明暗を分ける「接道義務」

広告で安い物件を見つけたんですが、道路に面していないから、今ある家を建て替えできないと不動産屋さんに言われました。どうしてですか？

それは、建築基準法で定められた接道義務を満たしていないからですね。

- -

❖POINT❖ 接道義務とは

接道義務とは、建物の敷地は、幅員（道路幅）4ｍ以上の道路に2ｍ以上接していなければならないとする定めです。

- -

道路幅が4ｍ未満だったり、**道路に面する部分が2ｍより狭い土地**は、原則、**建物を建てることはできません**。ネットや広告でよく目にする「再建築不可」と書かれた物件の多くは、この接道義務を満たしていないことによるものです。

火災や事故が起こったときや、家を建て替えるとき、消防車や救急車、工事用車両などが入れるような街づくりのためにも接道義務は大事です。

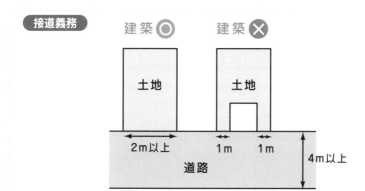

旗竿地の場合

　特に、**旗竿地**と呼ばれる道路に接する出入口が狭く、その奥に家の敷地がある形状の土地は注意が必要です。

　道路に面する部分が2m以上でも、**路地状部分に少しでも2m未満の部分があると接道義務を満たしていることにはなりません**（図を参照）。

　建物を建築できない、つまり、活用できないということは、土地としては致命的です。銀行も、建物を建てられない土地には、お金を貸してくれません。売却しようにも、買い手を見つけることが難しいわけです。

　接道義務が土地の明暗を分ける重要な制限であることがご理解いただけるでしょう。

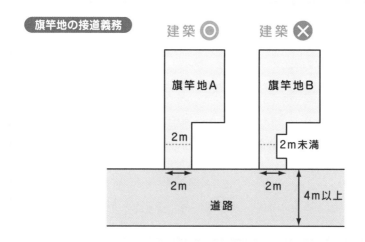

■ 土地の価値は「道路付け」で決まる

　不動産の価値を考える場合、建物は、どんなに高額で高級仕様のものも、月日が経てば古くなり、いずれは資産価値もなくなりますが、土地の場合、地形や**道路付け（敷地が道路に接する状態）**の良いものは、いつの時代でも通用します。

　道路との関係でみた場合の「良い土地」の具体例をいくつか挙げてみましょう。

《具体例》

❶ 間口が広い土地 ⇒ 分筆（土地を分けること）して複数棟の建物を建築できます。住宅用地としても店舗などの事業用地としても最適です。

❷ 道路幅の広い土地 ⇒ 道路斜線制限に有利（1-04参照）。また、幅員が12ｍ以上の場合、道路幅員による容積率制限を受けません（1-03参照）。

❸ 角地 ⇒ 要件を満たせば、建蔽率の緩和が受けられ、地域で指定された建蔽率に10％を加算できます。また、採光部分の多い多彩な設計プランが楽しめます。

良い土地

❶ 間口が広い土地

分筆可能

道路

❷ 道路幅の広い土地

※道路斜線制限に有利

道路

※12m以上
→前面道路による容積率制限を受けない

❸ 角地

※建蔽率+10%

道路

道路

道路付けの良い土地は、広く、大きく、高い建物を建てることが可能です。有効活用が図りやすい土地は資産価値が高く、売却するにも有利です。

不動産と聞くと、どうしても、土地の広さや建物の豪華さ、新しさに注目しがちですけど、道路との関係がすごく大切なんだって分かりました！

1-07 敷地と道路の関係（その２）

　建築基準法では、**道路幅が４ｍ以上であることを接道義務で定めています**が、この規定ができる前から存在する幅員４ｍ未満の道路に対する取り扱いも明確に示しています。それが、これから説明する道路境界線を後退させる**道路後退（セットバック）**です。

■道路幅４ｍ未満は「セットバック」で建築できる

街を歩いていると、どう見ても４ｍより狭い道路に
住宅が建ち並んでいるのはどうしてですか？
ひょっとして違法建築？（笑）

道路幅が４ｍ未満でも道路境界線を後退させること
で建物が建てられるケースがあるんですよ。

　建築基準法が接道義務で規定している４ｍという道路幅は、緊急時や災害時に人や車両が安全に通行できる最低限度の幅員として定められています。
　しかし、道路幅が４ｍ未満であっても、**道路中心線から２ｍ後退したところを道路境界線とみなし、建物の建築を認めよう**というのが、**道路後退（セットバック）**です。

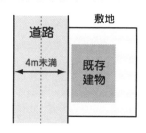

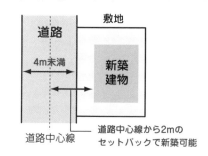

道路中心線から2mの
セットバックで新築可能

中心後退と片側後退

　道路を挟む両側の土地が互いに2mずつ後退し合えば、時間をかけて4m幅の道路が完成するという考え方で、このケースを「**中心後退**」といいます。

　また、道路向かい側が川や崖や線路敷などでセットバックできない状態の場合、道路向かい側の境界線から4mセットバックすることが必要です。このケースを「**片側後退**」といいます。

1日目
私の「家づくり」
みんなの「街づくり」

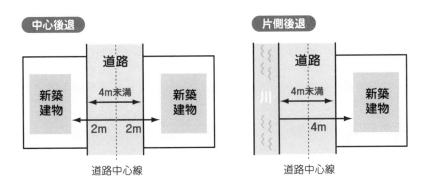

■ 2つのセットバックの注意点

　中心後退と**片側後退**とでは、**後退部分の面積が異なる**ので注意が必要です。

　例えば、前面道路が3m、土地の間口が5mの場合、中心後退であれば、道路後退部分が2.5㎡となります。これに対し、片側後退の場合、道路後退部分は2倍の5.0㎡となります。

　この**セットバックにより後退した部分は道路とみなされます**。自分の土地であっても、建物を建てたり、門塀を設置したり、庭として使用することはできません。

　また、建蔽率や容積率を計算する場合の土地面積にも含むことができません。

　4日目でも説明しますが、不動産業者や金融機関が土地を評価する場合も、後退部分を除いた部分を有効面積と判断します。

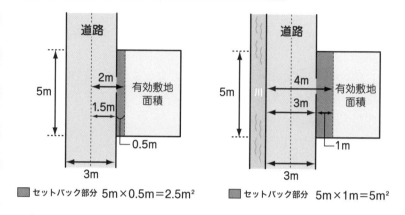

■ セットバック部分 5m×0.5m＝2.5m²　　　■ セットバック部分 5m×1m＝5m²

❖ＰＯＩＮＴ❖　前面道路が4ｍ未満の場合の注意点

❶ セットバックによる建築は可能か
❷ セットバックは中心後退か片側後退か
❸ セットバック部分を除く土地の有効面積は何㎡か

■ 道路には「公道」と「私道」がある

セットバックで思い出したのですが、最近、通行妨害など私道をめぐるトラブルを新聞で読んだのですが、私道の物件は避けた方がいいですか？

いい質問ですね！　道路と言っても私道は一般の人が所有している土地ですから、権利や使用方法に関し正しい知識を身につけることが必要です。

　普段、私たちが利用している道路には、国や地方自治体が管理する国道、県道、市町村道などの「**公道**」と一般の個人や法人が所有する「**私道**」があります。

　私道には、地主など特定の人が道路全体を所有している場合や、道路を利用する複数の住民が持分で共有したり、「**私道負担部分**」として道路の一部を所有したりするケースがあります。**セットバックによる後退部分も私道負担**です。

　私道の場合、権利関係をめぐるトラブルが多く、購入や売却には慎重な対応が必要です。

- - - - - - - - - - - - - - - - - - -

❖POINT❖　私道の注意点

❶ **所有形態はどうか**（特定の人が所有、複数人が共有、私道負担部分を所有）

❷ **協定書の有無**（通行料の有無、給排水工事の際の掘削許可や承諾料の有無、使用方法の取り決めや禁止事項、改修費用や修復費用の負担区分など）

- - - - - - - - - - - - - - - - - - -

私道負担のさまざまなケース

CASE.1
私道全体を土地所有者と別の個人または法人が所有するケース。

CASE.2
直接公道に面するAF以外のBCDEが私道を4分の1の持分割合で所有するケース。

CASE.3
ABCDがそれぞれ所有する土地の前面部分を私道負担部分として所有するケース。

CASE.4
ABCDがそれぞれ所有する土地と離れた部分（斜め向かい側）を私道負担部分として所有するケース。

※特定の人が所有

※BCDEが共有（持分割合）1／4

※私道負担①

※私道負担②

生産緑地2022年問題と田園住居地域

みなさんは、お米や野菜は好きですか。

食料品コーナーで「国内産」というシールをよく見かけますが、日本のお米や野菜、穀物などは、美味しくてヘルシー、しかも安心安全と世界中で大人気です。

不動産に関わる法律の1つに「**農地法**」という法律があり、農地を他の人に権利移動（売買など）する場合や農地を農地以外の用途（宅地など）に転用する場合の制限を設け、「**農地の保護**」と「**生産力の向上**」を図っています。

しかし、現在の日本の農業は、後継者不足による農家の高齢化や農業従事者の減少、耕作放棄地の増加や農地の減少といった深刻な問題を抱えています。

1992年には、「生産緑地法」が改正され、生産緑地に指定された農地の所有者は30年の営農義務を負う代わりに、相続税や固定資産税などの税制優遇を受けられることになりましたが、生産緑地の指定解除となる2022年には、自治体への農地買取り請求が殺到し、地価の大暴落を招くのではないかと言われています。これを「**生産緑地2022年問題**」といいます。

この状況を受け、平成30年4月には、新たに「**田園住居地域**」が13番目の用途地域として指定され、農地の形質変更や建築行為に関し、新たな制限が設けられることになりましたが、その効果はいかに。

農地改革　地主制から自作農へ

第2次世界大戦後、GHQの指令により行われた民主化政策。もともとは地主が小作人に農地を貸し付け、高額な小作料を収めさせる**地主制**でしたが、裕福な地主と貧しい小作人の貧富の格差が深刻化しました。

そこで、政府が不在地主（農地のある村に住まない地主）のすべての農地と、在村地主（農地のある村に住む地主）の一定規模を超える農地を買い占め、安価で小作人に振り分けました。この農地改革により、現在の「**農地の所有者自らが耕作を行う**」自作農の体制が確立されました。

2日目

自分でできる
物件調査

2日目は、不動産の調査方法を❶道路、❷土地、❸ライフライン、❹建物と生活環境の各ケースごとに詳しく解説します。道路幅員や敷地形状の計測方法、越境の見極めと対処法、生活に欠かせないライフラインの仕組みと調査方法など、物件調査の実践知識が楽しみながら自然と身につきます。「不動産調査は、専門家でなくても、誰にでもできる。」この章を読み終えた時、あなたは、必ずそう実感します。そして、もっと不動産に触れてみたいと感じるでしょう。

建太くん
建築会社に勤務する社会人2年生。建築現場を経験するなか、最近、不動産に対して興味を持ち始めた。

学くん
建太くんの後輩。田舎から出てきたばかりの社会人1年生。少し天然だが、たまに鋭い発言をする。

2-01 物件調査の流れ

　これから不動産の「調査」に関して解説していきますが、最初に理解して欲しいことは、**「不動産調査は誰でもできる」**ということです。

　「調査」というと、不動産業者や不動産鑑定士といった専門知識や資格を持つ不動産の専門家だけが行える業務のように感じるかも知れませんが、決して、そうではありません。

　不動産調査は、❶現地、❷法務局、❸役所という手順で進めます。

　各調査の目的と着眼点をしっかりと学ぶことで不動産調査のノウハウは確実に身に付きます。

■ 現地調査で「現況」を正しく捉える

 現地調査の重要性は何となく理解できるのですが、最初に現地から調査を始めるのはなぜですか？

 法務局で集める書類や役所の調査では分からない「現況」を自分の目で正確に掴むためです。机上では掴めない街の雰囲気や近隣住民の生の声が聞けるのも現地調査の醍醐味です。

　現地調査の最大の目的は「現況」把握です。現地で得た情報により、その後の法務局、役所での調査方法を変更することもあります。

　例えば、前面道路が 4m 未満であれば、役所調査に向かう上で「建築は可能か」「何mのセットバックが必要か」と見当をつけることができます。

　また、道路の劣化や損傷が激しければ、「私道かも知れない」という前提で、法務局で権利関係を調べ、役所で道路の種類を確認することができます。

　対象地の所有者 (売主) や近隣住民の「生の声」を聞く機会があれば、不動産の評価を大きく左右する貴重な情報となる可能性も高いのです。

〈現地調査に持参するもの〉

❶ **住宅地図**⇒現地調査、周辺調査の他、法務局、役所の調査にも必要。

❷ **デジカメ、スマホ**⇒建物外観、室内、設備類の他、境界標の撮影に使用。

❸ **メジャー、巻尺**⇒道路幅員、間口、奥行きの他、天井高の計測に使用。
　　　　　　　　マンションの場合、レーザー距離測定器が便利である。

❹ **方位磁石**⇒接道方向、各室の主要採光部の方位確認に使用。

❺ **懐中電灯、ペンライト**⇒点検口からの床下、屋根裏調査に使用。

❻ **水平器**⇒建物や建具の歪みの計測に使用。ビー玉を転がすより正確。

❼ **クラックスケール**⇒建物基礎、外壁等のクラック幅の計測に使用。

❽ **双眼鏡**⇒屋根や距離のある外壁面の確認に使用。

❾ **スコップ、軍手**⇒境界標が見つからない時に土の掘り起こしに使用。

■ 法務局調査で「物理的状況」と「権利関係」が分かる

　法務局調査とは、現地調査で集めた情報を**公的書類により裏付けるための調査**です。

　法務局とは、不動産の所在地、面積などの物理的状況や、所有者の住所、氏名など権利関係を、**登記簿謄本**という公の帳簿に記録し、それを管理している国（法務省）の機関です。

　登記簿謄本に記録する行為を**登記**といいます。

　登記により、第三者が土地の面積、建物の構造、築年数、所有者は誰かなど、不動産の**物理的状況と権利関係を調べることができる**わけです。

〈法務局で取得できる書類〉

❶**登記簿謄本（62ページ）**

（a）表題部（b）甲区（c）乙区（d）共同担保目録からなり、現在、効力のある登記記録だけでなく、過去の登記記録も調査することができます。

（a）**表題部**⇒所在、面積、構造、建築年月日などが記載されています。

（b）**甲区**⇒登記上の所有名義人の住所、氏名が記載されています。

（c）**乙区**⇒抵当権や根抵当権など、金融機関が「お金を貸しています」という権利（担保権）が記載されています。

（d）**共同担保目録**⇒一戸建の土地と建物のように、1つの担保権に対し複数の不動産が共同で担保設定されている場合の一覧表。

① **全部事項証明書** ⇒ 現在効力のある事項および過去の履歴（抹消済の担保権など）が記載されている

② **現在事項証明書** ⇒ 現在効力のある事項のみ記載されている（現在の所有者、現在の担保権など）

③ **一部事項証明書** ⇒ 甲区、乙区の特定した登記内容のみ記載されている（共有名義人の１名分など）

④ **閉鎖事項証明書** ⇒ 既に閉鎖された過去の登記記録（取り壊された建物など）が記載されている

❷ **公図（65ページ）**

土地の形状や範囲、道路や水路との位置関係を示した図面で、「地番」という登記上の所在地で記載されています。

地積測量図や建物図面と比較すると正確性は劣りますが、不動産調査の最も基本となる重要書類です。

❸ **地積測量図（66ページ）**

土地家屋調査士により作成された土地の図面で、測量結果に基づき計算された土地面積が登記簿謄本の面積（地積）に反映されます。

土地の間口、奥行き、境界標の位置などが現地調査の結果と一致しているかを確認します。

❹ **建物図面、各階平面図（68ページ）**

土地家屋調査士が実際に建物を測量し作成した図面で、建物の登記簿謄本の床面積に反映されています。

敷地に対する建物の配置、各階の床面積、形状などが、現地調査の結果と一致しているかを確認します。

■ 役所調査で「どんな家が建てられるか」を見極める

役所では、**対象地の地域指定**（用途地域、防火地域・準防火地域など）や建蔽率・容積率、高さ制限など地域内における**具体的な建築制限**などを調査します。

また、現地で調査した接道状況やライフライン（上下水道など）に関し、**役所が管理する情報との照合**を行い、現状と今後の改善点を正確に把握します。

つまり、**役所調査の目的は対象地の法令上の制限を知り、「どんな家が建てられるか」**を見極めることにあるのです。

〈役所の部署ごとに調査する内容〉

❶ 都市計画課・建築指導課

　⇒市街化区域と市街化調整区域、用途地域、建蔽率と容積率、防火地域と準
　　防火地域、高さ制限、都市計画道路の指定など

❷ 開発指導課

　⇒開発許可、土地区画整理事業など

❸ 環境課

　⇒土壌汚染対策法指定区域など

❹ 教育委員会、文化財保護課

　⇒周知の埋蔵文化財包蔵地など

❺ 防災課、河川課

　⇒造成宅地防災区域、津波災害警戒区域、土砂災害警戒区域など

❻ 建築指導課、道路課

　⇒建築基準法上の道路の種類、認定幅員、道路位置指定の有無など

❼ 上下水道課、水道局

　⇒上水道、下水道の埋設状況など

最近、建築士の先生と一緒に建築指導課に相談に行
く機会が増えました。専門用語が多く分からないこ
とばかりですが、すごく勉強になります！

どんな家が建てられるかという相談ですね。実際の
建築相談となると高度な知識が必要ですが、すべて
はこれから学ぶ調査のノウハウが基本です。

〈役所調査に持参するもの〉

❶ 住宅地図 ⇒ 対象地と接面道路が分かるよう色塗りしておく

❷ 現地の写真 ⇒ 道路、境界、建物、量水器、公共桝、マンホールなど

❸ 法務局で取得した書類 ⇒ 謄本、公図、地積測量図、建物図面など

❹ 身分証明書、売主の委任状 ⇒ 自治体によって上水道引込管調査で必要

❺ デジカメ、スマホ ⇒ 図面の撮影が可能な場合に使用する

2日目
自分でできる物件調査

不動産の物理的状況を示す

不動産の用途の種類

地積測量図と一致しているか確認

現在事項証明書　　　　（土地）

| 表　題　部　　（土地の表示） | 調製 | 平成００年００月００日 | 不動産番号 | ０００００００００００ |

| 地図番号 | 余白 | 筆界特定 | 余白 | 過去の分筆歴がわかる |

| 所　在 | | | 余白 |

| ① 地　番 | ②地　目 | ③　地　　積　　㎡ | 原因及びその日付〔登記の日付〕 |

公図により位置関係を確認

| １８番２７ | 宅地 | ３３　５９ | １８番１５から分筆〔昭和５８年３月２２日〕 |

所有権取得原因（売買、相続、贈与など）がわかる

| 権　利　部　（甲　区） | （所　有　権　に　関　す　る　事　項） |

所有権（差押、仮差押、仮登記に注意する）

| 順位番号 | 登　記　の　目　的 | 受付年月日・受付番号 | 権　利　者　そ　の　他　の　事　項 |

| １ | 所有権移転 | 平成００年００月００日第０００○号 | 原因　平成００年００月００日売買所有者 |

共有名義人がいる場合、各々の持分を確認。依頼者に共有者の続柄を確認する

順位６番の登記を移記

| 付記１号 | １番登記 | | 第００○○○号 | 原因　平成００年００月００日住所移転住所 |

| | 余白 | 余白 | 昭和６３年法務省令第３７号附則第２条第２項の規定により移記平成００年００月００日 |

| 権　利　部　（乙　区） | （所　有　権　以　外　の　権　利　に　関　す　る　事　項） |

所有権以外（抵当権、根抵当権など）

| 順位番号 | 登　記　の　目　的 | 受付年月日・受付番号 | 権　利　者　そ　の　他　の　事　項 |

| １ | 抵当権設定 | 平成００年００月００日第０００○号 | 原因　平成００年００月００日保証委託契約による求償債権同日設定 |

抵当権は債権額、根抵当権は極度額

借入時期、借入額から、現在の残債務を試算し、財務力を見極める（債務超過に注意）

債権額　金　　　万円損害金　年　　　（　　　日日割計算）債務者

抵当権者

共同担保　目録(ヌ)第０００○号順位５番の登記を移記

| | 余白 | 余白 | 昭和６３年法務省令第３７号附則第○条第２項の規定により移記平成００年００月００日 |

抵当権者を確認。不動産売却の際は必ず、抵当権の抹消が可能か確認する。また、抵当権者が複数の場合、順位が重要

これは登記記録に記録されている現に効力を有する事項の全部を証明した書面である。
平成００年００月００日
○○法務局　　　　　　　　　　　　　　　登記官

＊　下線のあるものは抹消事項であることを示す。　　　整理番号　　　（・１／２・）　　　１／１

公図

方位（矢印先端が北向き）

敷地の形状、隣地、道路との位置関係が現況と一致しているか確認する

敷地と道路との間にほかの地番の土地が存在しないか確認する

道路に地番がついている場合、私道の可能性がある。謄本を取得し、名義人を確認する

土地区画整理によりできた街区である

2日目
自分でできる物件調査

(注)地図に準ずる図面は、土地の区画を明確にした不動産登記法所定の地図が備え付けられるまでの間、これに代わるものとして備え付けられている図面で、土地の位置及び形状の概略を記載した図面です。

これは地図に準ずる図面に記録されている内容を証明した書面である。

平成〇〇年〇〇月〇〇日　〇〇法務局

請求番号：24-1
(1/1)

登記官

地積測量図

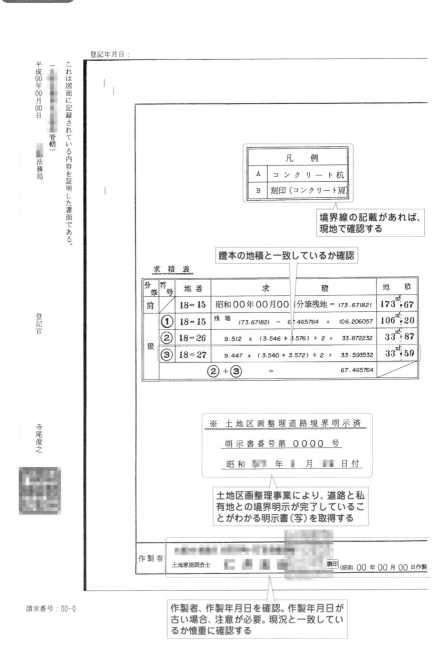

登記年月日：

平成00年00月00日

（　　　　管轄）

■法務局

登記官

寺尾俊之

これは図面に記録されている内容を証明した書面である。

		凡	例
A	コンクリート杭		
B	刻印（コンクリート肩）		

境界線の記載があれば、現地で確認する

謄本の地積と一致しているか確認

求 積 表

分筆	符号	地番	求　　　積	地積
前		18-15	昭和00年00月00日分筆残地 = 173.671821	173㎡67
後	①	18-15	残 地 173.671821 － 67.465764 ＝ 106.206057	106㎡20
	②	18-26	9.512 x (3.546 + 3.576) ÷ 2 ＝ 33.872232	33㎡87
	③	18-27	9.447 x (3.540 + 3.572) ÷ 2 ＝ 33.593532	33㎡59
			② + ③ ＝ 67.465764	

※　土地区画整理道路境界明示済

明示書番号第 0000 号

昭和 ■ 年 ■ 月 ■ 日付

土地区画整理事業により、道路と私有地との境界明示が完了していることがわかる明示書（写）を取得する

作 製 者　　■■■■■■■■■■■■■

土地家屋調査士　■■■■　 ■印 (昭和 00 年 00 月 00 日作製)

作製者、作製年月日を確認。作製年月日が古い場合、注意が必要。現況と一致しているか慎重に確認する

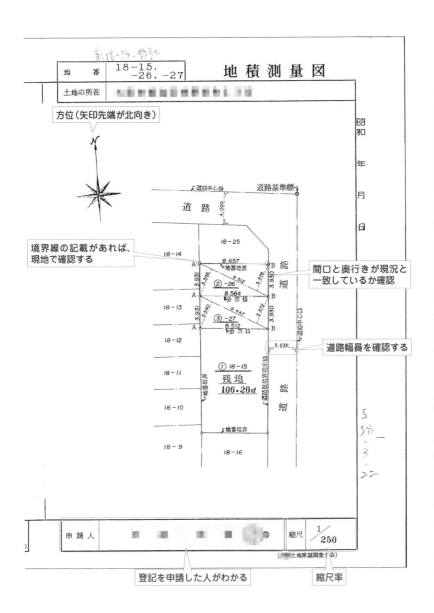

地 番	18-15, -26, -27	地 積 測 量 図
土地の所在		

前18-15, 修正

方位（矢印先端が北向き）

N

昭和　年　月　日

境界線の記載があれば、現地で確認する

間口と奥行きが現況と一致しているか確認

道路幅員を確認する

道路中心線　道路基準標

道　路

18-25

18-14

A　8.657　B　地番境界

② -26　9.512

A　8.584　B　分 水 線

③ -27　9.447

A　8.512　B　分 水 線

18-13

18-12

3.636

18-11

① 18-15　残地　106.20㎡

18-10

道路幅境界明示線

道　路

地番境界

18-9　18-16

S 58 - 3 - 25

申 請 人		縮尺	1/250

土地家屋調査士会

登記を申請した人がわかる

縮尺率

2日目

自分でできる物件調査

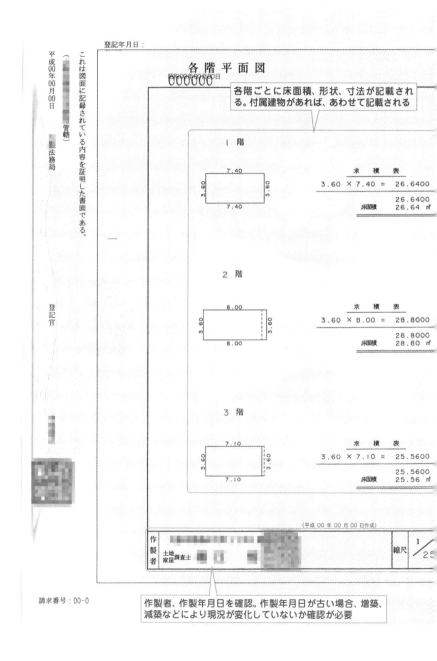

建物図面・各階平面図サンプル

登記年月日 ：

各 階 平 面 図

000000

各階ごとに床面積、形状、寸法が記載される。付属建物があれば、あわせて記載される

1 階

7.40
3.60 / 3.60
7.40

求　積　表		
3.60 × 7.40 =	26.6400	
	26.6400	
床面積	26.64 ㎡	

2 階

8.00
3.60 / 3.60
8.00

求　積　表		
3.60 × 8.00 =	28.8000	
	28.8000	
床面積	28.80 ㎡	

3 階

7.10
3.60 / 3.60
7.10

求　積　表		
3.60 × 7.10 =	25.5600	
	25.5600	
床面積	25.56 ㎡	

（平成 00 年 00 月 00 日作成）

作製者　土地家屋調査士　　　　　　　縮尺　1/25

平成00年00月00日

（　　　管轄）

■■法務局

登記官

これは図面に記録されている内容を証明した書面である。

請求番号 ： 00-0

作製者、作製年月日を確認。作製年月日が古い場合、増築、減築などにより現況が変化していないか確認が必要

68

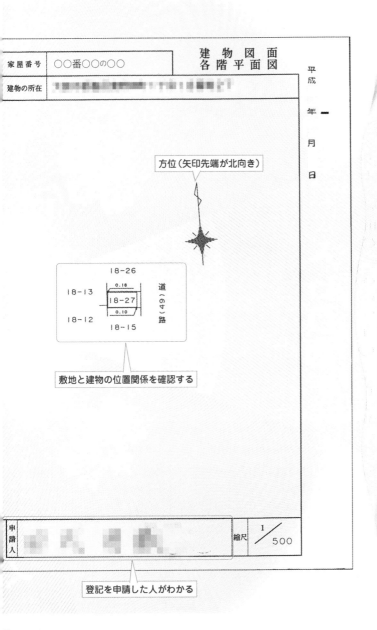

69

司法書士と土地家屋調査士は、いずれも不動産登記の専門家ですが、それぞれ専門とする業務が異なります。

現地調査や法務局調査の結果、現況と登記の不一致など、複雑な問題に直面した時は、登記の専門家として問題解決に導いてくれる頼りになる存在です。

＜司法書士＞

司法書士は、不動産の「**権利関係**」の登記申請手続きを行う専門家です。

不動産を売買した時の**所有権移転登記**、建物を新築した時の**所有権保存登記**、金融機関などが抵当権や根抵当権を設定する時の**担保権設定登記**、所有者が亡くなった時の**相続登記**など、登記簿謄本の**甲区欄**と**乙区欄**の登記申請手続きを代行するのが司法書士です。

また、宅地建物取引業の営業保証金や賃借人の賃料など、**供託所（法務局）への供託手続き**の代行も司法書士の業務です。

＜土地家屋調査士＞

土地家屋調査士は、不動産の「**物理的状況**」の登記申請手続きを行う専門家で、土地、建物の調査や測量、所有者立会いのもと筆界の特定作業などを行います。

建物を新築した時の**建物表題登記**、増改築時の**建物表題変更登記**、建物を取り壊した時の**建物滅失登記**など、登記簿謄本の**表題部**の登記申請手続きを代行するのが土地家屋調査士です。

土地家屋調査士とともに、現地で土地、建物の測量を行う専門家が**測量士**ですが、土地家屋調査士と違い、法務局への登記申請を行うことはできません。

2-02　道路の調査

■ 道路幅員と敷地間口を簡易計測する

現地における道路幅員と敷地間口の簡易計測は、**接道義務（1-06 参照）を満たしているかを確認**するための重要な調査です。

簡易計測とは、土地家屋調査士や測量士など専門家に依頼する正式な測量ではなく、**不動産業者や顧客自らがメジャーや巻尺、レーザー距離測定器を用いて寸法を測り、道路幅員や土地の形状を特定する作業**のことです。

道路幅員は、**道路端にある側溝を含む場合と含まない場合をメジャーで測量しておき**、その後の役所調査で、道路幅員に**側溝を含むかどうかを確認**します。

側溝の形状も、**U字溝**と**L字溝**があるので、併せて確認しておきましょう。

役所が道路台帳などで管理する道路幅員は、道路ごとの最大幅員と最小幅員で示されている場合もあるため、実際に**土地が接する道路部分の幅員を数か所で測量**しておきます。

道路幅員が 4m 未満の場合は、役所で**セットバック**（1-07 参照）による建築が可能か確認します。建築が可能であれば、**後退の種類（中心後退、片側後退）**を確認し、セットバック部分を除く土地の有効面積を計算することが必要です。

道路測量・間口＆奥行き測量

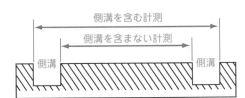

道路測量、間口＆奥行き測量

■道路部分の所有名義人を確認する

道路に関し、法務局で必ず調査しておきたいのが**私道の所有名義人**です。

現地での確認ポイントとしては、**道路が舗装されていなかったり、劣化や損傷が著しい場合**は私道の可能性があります。

また、法務局で取得した公図の**道路部分に地番が付いている場合**や**土地と道路との間に別の地番がある場合**は要注意です。まず登記簿謄本を取得し所有名義人を調べます。

道路部分の所有名義人が、国、都道府県、市区町村の場合は公道の扱いとなり特に問題ありませんが、**個人や民間の法人の場合は私道**となり、道路の使用許可や上下水道管の新設工事や改修工事の際に**私道所有者の承諾が必要**になります。

また、土地と道路と間の**別地番が第三者の所有名義である場合、対象地は接道義務を満たしておらず、建物を建築できない可能性**があります。

■建築基準法上の道路であるか確認する

接道義務を満たす道路って、道路はすべて道路じゃないんですか？

道路は道路でも、建築基準法で定める道路であることが必要なんですよ。

役所では「**接道義務を満たす道路**」であるかを担当窓口（建築指導課、道路課）で調査することになります。

対象地の道路が下記の建築基準法上の道路に該当していれば、第1段階はクリアです。

ただし、42条1項5号（**位置指定道路**）や42条2項（**2項道路**）の場合と側溝がある場合の取り扱いには注意が必要です。

❖POINT❖ 建築基準法上の道路

❶ 42条1項1号(道路法による道路) 国道、都道府県道、市区町村道で幅員4m以上の道路

❷ 42条1項2号(2号道路) 都市計画事業、土地区画整理事業などによって築造された幅員4m以上の道路

❸ 42条1項3号(既存道路) 建築基準法施行時にすでに存在していた幅員4m以上の道路(公道、私道とも)

❹ 42条1項4号(計画道路) 都市計画法、土地区画整理法などで2年以内に事業が行われるものとして特定行政庁が指定した幅員4m以上の道路

❺ 42条1項5号(位置指定道路) 宅地造成と並行して造られた一定基準に適合する私道で、特定行政庁から位置の指定を受けた幅員4m以上の道路

❻ 42条2項(2項道路) 建築基準法施行時にすでに建築物が建ち並んでいた幅員4m未満の道路で、特定行政庁が指定したもの

■ 42条1項5号(位置指定道路)の注意点

1-07でも説明しましたが、道路には国や都道府県、市区町村などが所有する**公道**と、個人や民間の法人が所有する**私道**があります。

位置指定道路とは、特定行政庁(都道府県知事や市町村の長など)が、個人や民間の法人の所有する幅員4m以上の私道のなかで、一定の基準や要件を満たしたものに対し、**道路部分がどの位置であるかを指定した上で法律上の道路として扱うことを認めたもの**をいい、位置指定道路に面した敷地には建物を建築することができます。

私道でも位置指定道路なら安心ですね。位置指定道路の場合、役所で何を確認すればよいでしょうか。

窓口で指定年月日と指定番号を確認し、道路位置指定図を交付してもらいますが、図面と現況が一致していない場合もあるため注意が必要です。

位置指定道路は法律上の道路ではありますが、私道であることには変わりがありません。

道路位置指定図の作成時期が古い場合、道路幅員や境界の位置、花壇など障害物が設置されていたりと**図面と現況が一致していない**こともあり、建物を建築する際の**建築確認申請時に想定外の障害となるケース**もあります。

■ 42条2項（2項道路）の場合の注意点

道路幅員が4m未満の場合の道路後退（セットバック）に関しては、1-07で詳しく説明しましたが、調査を行う上で最も問題となるのは**セットバックの基準となる中心線の取り方**です。

道路中心線が確定している場合は問題ありませんが、2項道路の場合は境界標がないことも珍しくありません。

担当窓口で「現況の道路中心線からの後退でよいか」を確認した上で、法務局で取得した地積測量図を基に、現況幅員、敷地の奥行の計測（2-03参照）などを行い、**中心線を特定**していくことになります。

＜具体例＞
❶ 現況幅員が地積測量図の幅員とほぼ同じ ⇒ 道路後退していない可能性が高い
❷ 現況幅員が地積測量図の幅員より大きい ⇒ 対象地または向かい側が後退済み

なお、**法務局で地積測量図が取得できない（存在しない）場合、現況の道路中心線を基準としてセットバック（道路後退）の距離、有効敷地面積を計算する**ことになります。

ただし、実際に土地家屋調査士に依頼し、実測したときの数値と誤差が生じる可能性があることを理解しておかねばなりません。

■ 道路側溝の取り扱いの注意点

現地調査で側溝が確認された場合、必ず**役所で側溝の取り扱いに関して確認する**ようにしましょう。具体的には、「側溝を道路に含むのか」という点です。

道路側溝の取り扱いは各自治体により異なり、特に側溝幅の大きいU字溝の場合、「水路」とみなされる場合があり注意が必要です。

　仮に前面道路が建築基準法上の道路であっても、側溝が水路としての扱いとなると道路幅員の計測はもちろん、道路に水路が含まれている状態であれば、接道義務を満たしていないという判断になる危険性も出てくるのです。

■ 接道義務を満たしてない時の救済措置

接道義務を満たしていなければ、家を建てるのは絶望的なんですよね。

原則は建築できませんが、要件を満たせば建築できる可能性があります。

　役所調査の結果、対象地が**接道義務を満たしていない**ことがわかった場合、**原則は「建築不可」**という結論になりますが、ここで調査を終えないでください。

　建築基準法には、**一定の要件を満たすことにより、建物を建築できるという救済措置**があり、これを「**建築基準法第43条第2項2号許可**」といいます。

　救済措置の適用には、下記のいずれかの要件を満たすことが必要となります。

❖ＰＯＩＮＴ❖　救済措置の適用要件

❶ 敷地の周囲に公園、広場、緑地など広い空地がある。

❷ 敷地が農道や類する公共の道（幅員4m以上のもの）に2m以上接している。

❸ 敷地が建築物の用途、規模、位置、構造に応じて、避難および安全のために十分な幅員を有する道路に通ずるものに有効に接している。

土地の調査

■ 境界標を確認する

　土地調査のスタートは、現地で**境界標を確認すること**です。

　境界標には、金属標（十字、Ｔ字、矢印）、コンクリート杭、プラスチック杭、石杭、木杭、金属鋲などがあり、ブロック塀やコンクリートの刻みや赤線なども境界を示す目印です。

境界標

　境界標は土や枯葉に埋もれていたり、住人が植木鉢を置いてしまっているようなケースも多いため、**軍手や家庭菜園用スコップを用意**していくと便利です。

　また、ブロック塀やコンリートの刻みや赤線は劣化や汚れで見えにくくなっていることもあるため、注意深く確認しましょう。

　調査の結果、境界標がなければ、**対象地の所有者（売主）や隣地所有者の認識している境界の位置を確認**し、所有者の確認が得られない場合は**ブロック塀などの中心線を仮の境界として認識**します。

　また、法務局で取得した地積測量図には境界標が記されているにも関わらず、現地で境界が確認できない場合は、**土地家屋調査士に境界の「復元」を依頼する**ことになります。

　境界が不明の場合も、地積測量図に記された境界標が現地で確認できない場合も、実際に取引する場合は、**「売主の責任による測量や境界復元」を目的物件の引渡し条件とする契約**を結ぶことが重要です。

■ 土地の簡易計測を行う

　境界標を確認したら、次は**土地の簡易計測**を行います。

　土地の場合、基本は**間口と奥行きの計測**です。旗竿地や変形地の場合も公図に従い可能な限り敷地の周囲の寸法を測ります。

　現地における簡易計測のポイントは、**地積測量図との照合**です。計測結果が、地積測量図に記された寸法と一致しているかを注意深く確認します。

　地積測量図が取得できない（存在しない）土地の場合でも、隣接地の測量図から特定できるケースがあります。

　境界標の確認や敷地の簡易計測は、次に説明する境界の越境を判断する重要な作業です。

　ここでの作業を怠ると、契約後に不測の損害を負うことになったり、隣地住民とのトラブルに発展する危険性もあります。

　法務局で取得する公図、地積測量図や役所で取得可能な道路台帳図面などを参考に繰り返し調査を行い、不明な点は専門家に相談するようにしましょう。

レーザー距離測定器による簡易計測

■ 越境を確認しよう

　屋根や庇、排気ダクトやエアコン室外機など建物や付帯設備の一部、ブロック塀やフェンスなどが**越境していないかを確認**しましょう。

　また、家の上空にある電線は見落としがちです。地中に設置された埋設管（給排水管など）のように、目視では確認困難なものもあります。

　越境の原因も、建物の増改築によるケース、地主の分筆により結果的に既存の建物が越境状態になってしまったというケースなど様々です。

　越境の確認には、公図、地積測量図、建物図面、道路台帳図面のほか、水道局や上下水道課で取得できる**上下水道管埋設状況図**やガス会社から取得できる**ガス管埋設状況図**を用意します。

　特に、ライフラインに関しては、2-04「ライフラインの調査」（79ページ）で調査方法を詳しく解説していますので、図面と現況の照合により越境の有無を判断することが可能です。

調査で越境が確認されたら、どのように対応したらよいのでしょうか。揉め事になりそうで不安です。

越境は当事者が理解しているケースもあれば、まったく気付いていないケースもあります。大切なのは越境の事実を確認し合い、書面に残すことです。

当事者が越境に気付いていない場合

　前述のとおり越境の原因は様々であるため、当事者が理解しているケースも、気付いていないケースもあります。

　特に相続による代替わりで建物の建築時や増改築時の事情を現在の所有者が認識していないことも多々あります。

　現在の所有者（売主）や隣地の所有者が越境の事実を理解し、既に合意書などを取り交わしている場合は問題ありません。

　一方、**当事者が越境に気付いていない場合**や、**越境によりトラブル**となっている場合は、放置したまま**物件を購入することは絶対に危険**です。

　このような場合、不動産業者や専門家に依頼した上で、

❶越境の事実の確認
❷再建築の際は越境部分を撤去し、建築基準法に従い建築する

　以上を定めた書面を、**現在の所有者（売主）の立場で相手方と取り交わす**ことが必要です。

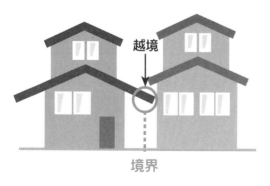

越境

境界

ライフラインの調査

ライフラインとは、上下水道、電気、ガスなど私た
ちの生活に必要な施設です。正確な現況把握ととも
に、今後の改善点がないかを判断します。

■ 上水道を調査する

　上水道の調査は、**敷地内にある量水器の位置**と水道メーターに記載された
引込管の口径の確認からスタートします。

　量水器の位置を確認する際に注意すべき点は**止水栓の数**です。止水栓は水
周りの工事などで、一時的に給水を止めるために備え付けられている栓で
す。

　通常、止水栓は１棟１箇所ですが、同じ敷地内に**止水栓が２箇所以上設置
されている場合**は、量水器に記載された「水栓番号」を告げ、**上下水道課や
水道局に確認**します。

　同じ敷地内に止水栓が２箇所以上存在する場合、次のようなケースが考え
られます。

・・・
＜例＞同じ敷地に止水栓が２カ所ある原因
・・・
❶過去、同じ敷地内に建物が２棟存在していた
❷近隣住戸の水道配管が敷地内を経由している

　引込管の口径には、13㎜、20㎜、25㎜の３種類があります。古い建物で
13㎜管が設置されている場合は、同時に多くの水を使える20㎜や25㎜へ
の交換を検討すべきです。

　注意すべき点は、**「水道メーターに記載された口径＝引込管口径」ではな
い**ということです。

　例えば、20㎜の引込管が敷地内に引き込まれていても、13㎜の水道メー
ターを設置し、供給水量を抑えている場合もあります。

上下水道課や水道局で入手できる「**上水道管埋設状況図**」では、本管、引込管、メーターの口径が確認できるので、配管経路とともに照合を行い、対象地に生活に不自由のない水量が供給されているかを調査します。

＜上水道管埋設状況図で分かること＞

❶ 本管口径

❷ 引込管口径

❸ 水道メーター口径

❹ 埋設位置

水道メーターと止水栓

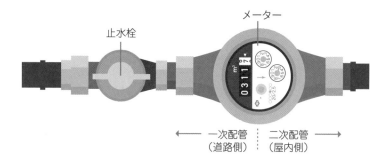

メーター

止水栓

← 一次配管 → ← 二次配管 →
　（道路側）　　（屋内側）

■ 下水道を調査する

　下水道の調査は、敷地内の**桝**と道路側のマンホールの位置確認から始めます。桝には、❶**雨水桝**、❷**汚水桝**、❸**公共桝（最終桝）**があり、雨水枡や汚水桝に溜まった水が公共桝に集まり、敷地外へ放流される処理方法が下水道です。

　役所の下水道課で取得できる**「下水道管埋設状況図」と現況が一致しているか**を注意深く確認しましょう。

＜下水道管埋設状況図で分かること＞

❶本管口径

❷引込管口径

❸埋設位置

下水道のしくみ

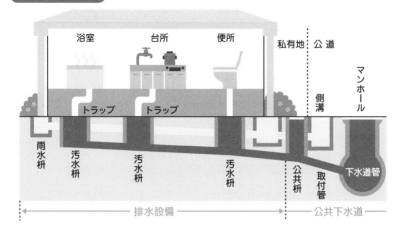

浄化槽を使用している場合

 敷地内に公共桝やマンホールが見当たりません。ど
うしてでしょうか？

浄化槽かも知れませんね。ガレージ付近に円形の蓋
やエアーポンプがあれば浄化槽を使用している可能
性が高いですね。

　敷地内の公共桝や道路側のマンホールが見当たらない場合は、浄化槽を使
用している可能性があります。

　浄化槽とは、主に**水洗トイレからの汚水を浄化し、下水道以外の河川や水
路に放流するための施設**で、汚水のみに接合された**単独浄化槽**と、汚水のほ
か、雑排水など生活排水とともに浄化し、放流するための**合併浄化槽**があり
ます。

　浄化槽は、ガレージなどの**地下に設置されている場合が多く**、円形の蓋が
2個（単独浄化槽）、3個（合併浄化槽）と浄化槽内に酸素を送り込むエア
ーポンプ（ブロアー）が近くに設置されているので確認しやすいと思いま
す。

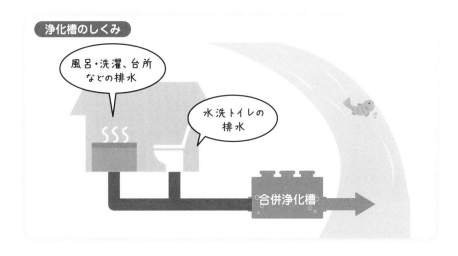

浄化槽のしくみ

風呂・洗濯、台所
などの排水

水洗トイレの
排水

合併浄化槽

汲み取り式の場合

　汲み取り式の場合、処理業者が処理するまでの間、汚水を便槽に溜めておくことになりますが、浄化槽のように**汚水を浄化する機能はありません**。

　一般的に、トイレと近い位置に便槽が設置されており、円形の蓋を開けると悪臭がするため、現地では確認しやすい施設です。

なるほど、排水施設は土の中で調べられないと思い込んでいましたが、桝やマンホール、浄化槽や便槽の蓋を探せばヒントが得られますね！

その通りです。排水施設は種類や処理方法、チェックポイントさえ押さえておけば、知りたいことの7割は現地で答えが出せますよ！

❖POINT❖　排水と下水道の種類、処理方法

排水の種類	⇒	❶ **汚水**（トイレ）　❷ **雑排水**（キッチン、洗面、浴室）　❸ **雨水**
処理方法	⇒	❶ **下水道**（敷地内の公共桝（最終桝）⇒　敷地外へ放流）
		❷ **浄化槽**（単独浄化槽又は合併浄化槽　⇒　河川へ放流）
		❸ **汲み取り**（汚水　⇒　便槽に溜める　⇒　処理業者）
下水道の種類	⇒	❶ **合流式**（雨水と雑排水＆汚水を一緒に処理する）
		❷ **分流式**（雨水と雑排水＆汚水を分けて処理する）

■ ガスを確認する

　家庭で使われるガスには、**都市ガス**と**プロパンガス**の２種類があります。

　都市部で生活する人の場合、「ガスは都市ガス」と思いがちですが、都市ガスの供給エリア内でも、ボンベから供給するプロパン（LP）ガスを使用している家庭があるので注意が必要です。

　都市ガスの場合、**道路側に「G」と書かれた目印**があれば、道路内の埋設位置が確認できます。また、敷地内に**ガス管の埋設地位を示す「ガス管注意」の標示杭**があれば、都市ガスが敷地内まで引込みされていることが確認できます。

　道路側から敷地内への引込状況は、ガス会社から入手できる「**ガス管埋設状況図**」によって、引込位置、本管と引込管の口径などが確認できるため、現況との照合を行います。

　建物内への引込みは、ガスメーターやガス給湯器に貼付されているステッカーの「ガス種：都市ガス」という記載があるかを確認します。

　もし、このような都市ガスの目印が見当たらなければ、プロパンガスを利用している可能性があるので、建物周辺にガスボンベが設置されていないかを確認しましょう。

　ただし、**各戸にボンベを設置する個別方式**ではなく、**地域で設置した大型ボンベから各戸に供給する集中方式**の場合もあるので、所有者（売主）や近隣住民への聞き込みを繰り返し行いましょう。

プロパンガス

プロパンガスの場合、料金、利用期間など契約内容を、所有者（売主）に必ず確認しましょう。都市ガスへの切り替えのタイミングによっては、プロパンガス会社から違約金を請求されるケースもあります。

〈ガス管埋設状況図で分かること〉
‥‥‥

❶ 本管口径

❷ 引込管口径

❸ 埋設位置

2日目
自分でできる物件調査

■ 電気を確認する

送電線がある場合は要注意

電気の現地調査で必ず確認しておきたいのが、上空の**「送電線」の存在**です。

送電線とは、発電所と変電所間を経由する電線で何万ボルト、何十万ボルトという高い電圧で送電されています。

私たちが家庭で使用する電気は、変電所で安全な電圧まで下げられたもので、変電所と家庭とを繋ぐ「**配電線**」によって送られています。

対象地の上空に送電線がある場合、様々な建築制限を受けることになるため、必ず電力会社への確認が必要です。

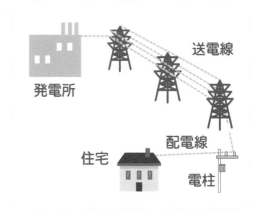

送電線が上空にある場合、電力会社と「送電線架設保持に関する契約書」を取り交わし、土地に「地役権」が設定されていることがあるため、**登記簿謄本の内容も確認**しましょう。

ただし、すべてのケースで地役権が設定されているわけではないため、対象地周辺に送電線がある場合は必ず電力会社に問合せをしましょう。

建築現場の斜め前に電柱があって建て主さんから移設できないか相談を受けています。何か方法はないでしょうか？

電柱や電線の移設は電力会社に相談することが可能です。ただ、移設できても時間や費用が必要になる場合があるため事前に相談しておくべきです！

電気容量と配線経路を確認する

　次は、**建物内で分電盤（ブレーカー）による電気容量とエアコンなどを分別した配線経路になっているか**を確認します。

　通常、分電盤には契約電力を超える電流が流れた時に自動的に電気を停止するアンペアブレーカーがついていますが、電気容量はアンペアブレーカーの色分けなどで確認することができます。

　電気容量による色分けは、電力会社により異なりますが、東京電力の場合は、

> **赤10A、桃15A、黄20A、緑30A、灰40A、茶50A、紫60A**

と区分されていて一目でわかります。

　家族構成にもよりますが、4LDK の一戸建であれば、40A 程度が平均的な電気容量です。

　電気容量が小さかったり、配線経路が共通になっていると、複数の家電の同時使用でブレーカーが落ちてしまい、電気容量の変更が必要になります。

分電盤

真っ暗！！

建物は、どういったところを注意して確認したらい
いでしょうか？　土地と違って古さによって状態が
かなり違いますよね。

屋根や外壁など改修工事によって状態に大きく差が
出る部分が中心です。これから経験を積めば、学く
んの建築の知識が活かせる分野ですよ。

■ 屋根、外壁などの確認（クラック、塗装剥がれ、破損）

　建物は、年月を重ねていくと劣化が進んでいきます。特に、屋根、外壁、
配管などは、同じ築年数でも、改修工事の実施の有無によって建物の状態、
不動産としての評価に大きな差が出る部分です。

　現地調査で注意深く確認したい点は、**屋根や外壁のひび割れ（クラック）、
塗装剥がれ、破損箇所の有無**です。なかでも、経年や地震などを原因とする
外壁のひび割れは、建物の劣化を示す大事なサインです。

　クラックスケールを使用し、ひび割れの幅が **0.3mm未満であれば特に問題
はありません**が、**0.5mm以上であれば、建築士など専門家に診断**してもらう
ことが必要です。

❖POINT❖　修繕履歴のチェックポイント

❶ **屋根と外壁の塗装工事の実施** ⇒ 約10年から15年
❷ **屋根の葺き替え工事の実施** ⇒ 約30年から35年
❸ **外壁の張り替え工事の実施** ⇒ 約30年から35年
❹ **外壁目地シーリング打ち替えの実施** ⇒ 約10年から15年
❺ **配管交換工事の実施** ⇒ 約30年から35年

■ 室内の確認（水周り設備、雨漏り痕、木部腐食）

　建物内で、特に注意して確認したい点が、**水回り設備**（キッチン、浴室、洗面台、トイレなど）、**雨漏り痕**、**木部の腐食箇所の有無**です。

　水回り設備は、経年劣化の程度と同時に、漏水箇所がないかを確認します。漏水箇所があると設備や配管だけでなく、カビや腐食の被害が出ている可能性もあります。

　雨漏り痕は、各室の天井、壁面を中心に、屋根裏収納や点検口があれば、懐中電灯やペンライトを利用し確認するようにしましょう。

　もし、**雨漏り痕と思われる箇所が見つかったら、過去のものか、進行中のものなのかが重要です。**所有者や不動産業者に**過去の修繕履歴**を確認しましょう。

　主に、水回り設備、屋根や外壁からの漏水、結露がもたらす被害が木部の腐食です。

　木部の腐食は、**シロアリ、バクテリア、カビなど木材腐朽菌の繁殖が原因**となります。

　天井裏、床下、窓枠、押入れなどの木部の表面が白っぽく変色しているようであれば、危険信号です。

　木材腐敗菌の繁殖は、木造建築物の大敵です。

漏水、雨漏り痕

先日、お客様からクロスの捲れや変色がひどくなったと相談を受けたのですが、原因は屋根からの漏水で天井裏の木部も腐食しはじめていました。

家を売る時や買う時だけでなく、建物は日頃のメンテナンスが大切です。天井裏や押入れの奥、床下など普段見ることのないところが盲点です。

■ 採光、通風、臭気、騒音の確認

　建物内では、実際の生活をイメージし、**採光、通風、臭気、騒音などを確認**します。

　特に、リビング、寝室など生活する時間が長い場所での、**日当たり、風通しは重要**です。季節や時間帯により異なりますが、実際に生活している**所有者やその家族にコミュニケーションを図りながら色々とヒアリング**してみましょう。

　家の中でも、騒音の確認は重要です。交通量の多い道路に面する場合、騒音だけでなく、**ホコリや排気ガス**の心配もあります。

　臭気は、建物外からのものだけでなく、**水回りの排水口の臭い**も確認します。

　鼻を衝くような臭いがする場合、配管の汚れや詰りが考えられます。

　そのまま放置して状態が悪化すると、後日、漏水事故につながる可能性も高くなります。

■ 生活環境は全身で感じ取ろう

お客様が、雨の翌日は下水道からの悪臭がひどいって話されていました。もっと家を買う前に見ておくべきだったと後悔していましたよ。

なるほど、内覧を晴れの日に1度だけで済ませてしまったのですね。不動産を調査する時は、様々な生活の局面をイメージしながら、天候、曜日、時間帯を変えて繰り返し行うことが大切です！

　不動産調査や内覧は、**よく晴れた日の昼間に1度だけというのは、あまりに危険**です。

　学くんのお客様のように、低地にある住宅では、水はけが悪く、雨の日の翌日は地面が乾きにくく、豪雨になると下水道が氾濫、数日間は悪臭が続くなんてことも珍しくありません。

　他にも、購入後に自宅の前が地域のゴミ集積場であることを初めて知って、トラブルになるケースもあります。

《具体例》「こんなはずじゃなかった……」

❶ 閑静な住宅街だが、夜は外灯が殆どなく、通り道に死角が多い。

❷ 晴れた日の同じ時間帯でも、冬場はほとんど日が当たらない。

❸ コンビニが近く便利だと思ったが、夜は若者の溜まり場に一変。

❹ 日中はビジネスマンの多い繁華街が、夜は客引きの溢れる風俗街に。

❺ 周辺に深夜営業の店が多く、深夜まで騒ぎ声やカラオケが鳴り響く。

❖POINT❖　現地調査のポイント

❶ 現地調査は、「天候」「曜日」「時間帯」を変え繰り返し行う

❷ 現地へのアクセスは、必ず公共交通機関（電車、バス）を利用する

❸ 調査対象は不動産だけでなく、周辺環境や生活施設もチェックする

確かに条件を変え、繰り返し調査を行えば、足を運ぶ度に新しい発見がありそうですね！　不動産を購入する人は、そこで実際に生活することになるので、良い面も悪い面も知っておきたいですよね！

実際に歩いてみると、新しくできたお店や新築マンションなど、車では気付かなかった発見が色々ありますね！　勤務先へのアクセスとか、急行や快速電車の停車駅かどうかもすごく気になります。

調査する対象は不動産だけじゃありません。
実際に歩いてみて周辺環境や生活施設を自分の目で確認しましょう。開発予定の新駅や商業施設、建築中の新築マンションや道路も大切なチェック項目ですよ！

《必ずチェックしたい生活施設》
- ❶ 最寄駅、バス停　※時刻表や急行や快速電車の停車駅かどうかもチェック
- ❷ 学校、病院、クリニック、介護施設　※学校区は必ずチェック
- ❸ 銀行、郵便局、ＡＴＭなど金融機関
- ❹ 市区町村役場、市民センター、図書館、博物館、公園
- ❺ コンビニ、スーパー、百貨店、飲食店、ファーストフード店、美容室
- ❻ 学習塾、スポーツクラブ、カルチャースクール
- ❼ 将来の開発予定地（新駅、商業施設、新築マンション、道路）

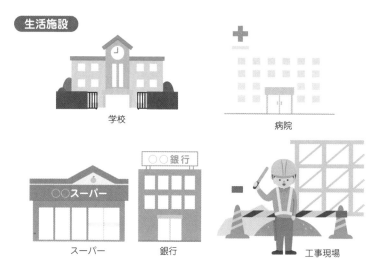

生活施設

学校

病院

スーパー

銀行

工事現場

■嫌悪施設のチェックも忘れずに！

　嫌悪施設の存在は、購入者はとても関心が高く、また同時に不動産評価にも直接影響を与える重要項目です。

　嫌悪施設には、**火葬場、墓地、下水処理場、廃棄物処理場、暴力団事務所のような「目で見て確認できるもの」**と、**臭気、騒音、電磁波、電波障害のような「目で見て確認できないもの」**があります。

　特に、電磁波や電波障害のように、実際に生活してみないとわからない内容もマンション屋上などに設置された携帯基地局や高圧線の存在により、周辺地域に与える影響を想定することは可能です。

　大切な家族との生活空間をイメージしながら、繰り返し、地域探索しましょう。

Column **必ずチェック!!　「ハザードマップ」**

地震に強い家づくり、火災発生時の防火対策など、繰り返される法改正とともに、建築材料の研究開発が進み、建築技術も目覚ましい発展を遂げてきましたが、いまだ頻発する大規模自然災害による被害と犠牲者は後を絶たない状況です。

「ハザードマップ」とは、地震、噴火、津波など、自然災害による被害を予測し、**被害範囲、避難場所、避難経路などを地図化したもの**をいい、災害発生時に住民が沈着冷静に避難し、二次災害による人的被害を低減させることを目的にしています。

令和2年8月には、平成30年7月豪雨、令和元年台風19号、令和2年7月豪雨など甚大な被害をもたらす大規模水災害の発生を受け、宅地建物取引業法施行規則が改正されました。

売買・交換だけでなく賃貸借においても重要事項説明で、**ハザードマップにおける宅地、建物の所在地に対する説明が義務化**されました。

国土交通省「ハザードマップポータルサイト」は、各自治体の作成したハザードマップにリンクされており、直接、居住地の情報を閲覧することが可能です。

国交省「ハザードマップポータルサイト」
http://disapotal.gsi.go.jp

ハザードマップ

大阪市公式ホームページより

【ハザードマップの種類】
❶**洪水ハザードマップ** ⇒ 河川氾濫による浸水予測区域
❷**内水ハザードマップ** ⇒ 内水氾濫（下水道、排水路）による浸水予測区域
❸**津波・高潮ハザードマップ** ⇒ 津波・高潮による浸水予測区域
❹**土砂災害ハザードマップ** ⇒ 土砂災害、崖崩れ発生時の避難場所、避難経路
❺**火山ハザードマップ** ⇒ 火砕流、溶岩流、火山灰などの到達範囲、危険性

役所調査の際、必ず取得しておきたい書類に「建築計画概要書」と「台帳記載事項証明書」があります。

建築確認申請時の「確認番号」が分かれば簡単に取得できますが、分からなくても、所在地、建築年月日など登記簿謄本に記載された内容で特定することが可能です。

建築計画概要書

建築確認申請時の概要を要約した書類であり、**現況との比較により相違点を判断**するのに活用します。

しかし、確認申請後に「確認済証」の交付を受けた建物でなければ、取得できません。また、確認申請どおりの内容で建築されたかどうかはこの書類では確認できないため、次の「台帳記載事項証明書」を併せて取得することになります。

〔記載内容〕

①受付年月日、確認年月日、確認番号、②建築主、③敷地の位置（地名地番、用途地域、防火地域、その他の区域）、④主要用途、⑤工事種別、⑥申請にかかる建築物（高さ、階数、構造）、⑦敷地面積、建築面積、延べ面積、⑧設計者、⑨施工者、⑩代理者

台帳記載事項証明書

建物完成後の完了検査による**「検査済証」の交付記録を記載した書類**です。

検査済証とは、建築確認申請時の内容の通り、建物が適法で建築された、所謂「お墨付き」であることを証明する重要書類です。

現在は、ほどんどの金融機関で、検査済証の取得が住宅ローンの必須要件とされていますが、所有者が何代も変わり、検査済証を紛失しているような場合でも、台帳記載事項証明書が取得できれば、適法物件であることを証明できます。

〔記載内容〕

①建築主の住所、氏名、②建築位置、③主要用途、④工事種別、構造、⑤建築物の面積、⑥確認済証交付年月日、番号、⑦検査済証交付年月日、番号、⑧中間検査合格証交付年月日、番号

3日目

夢を形に!
建築のキホン

3日目は、建築の基礎知識として、木造、鉄骨造、鉄筋コンクリート造、鉄骨鉄筋コンクリート造の長所と短所をイラストを用い分かりやすく解説します。

また、自然災害のなかでも最大の課題となる地震対策に関しては、耐震構造、制震構造、免震構造の3つの構造を比較し「地震に強い家づくり」を考えます。

大切な資産の10年後、20年後を左右する建物基礎と地盤改良の知識は必見です。

「建築を学べば、不動産がもっと好きになる。」

建太くん
建築会社に勤務する社会人2年生。建築現場を経験するなか、最近、不動産に対して興味を持ち始めた。

学くん
建太くんの後輩。田舎から出てきたばかりの社会人1年生。少し天然だが、たまに鋭い発言をする。

3-01 木造建築物と２つの工法

　一戸建てやマンション、オフィスビルなど、建築物の構造は大きく次の４つの種類に分けられます。W、S、RC、SRC など**材質を表す英語の頭文字**で分類していることがわかります。

❶ **木造（W造）** Wood
❷ **鉄骨造（S造）** Steel
❸ **鉄筋コンクリート造（RC造）** Reinforced Concrete
❹ **鉄骨鉄筋コンクリート造（SRC造）** Steel Reinforced Concrete

　４つの構造は、建築の工法によってもいくつかに分けることができ、建物の用途、規模、予算などに応じ、**最適な構造と建築工法を選択する**ことが可能です。
　最初に日本の戸建住宅の代表的構造である**「木造」（W造）**について解説します。

■ 木造住宅と２つの建築工法

今ちょうど、色々な建築現場を回りながら、構造や建築工法について勉強しているところです。私の会社は一戸建の請負が多いのですごく役立ちます。

建太くん、現場で得た知識は本当に貴重ですよ！特に建物が造られていく過程では、不動産で役立つ情報が盛りだくさん。２人が羨ましいよ！

　木造は、建築費用が安価で、スギやヒノキなど木の香りや暖かい雰囲気が親しまれ、日本の住宅の代表的構造として、古くから利用されています。

　近年は、建築技術が進歩して、木造の**優れた断熱性や吸湿性などの特徴**が見直され、国民の木造住宅に対するイメージや意識は大きく変わりました。

　木造建築の工法には、

> ❶**木造軸組工法**（在来工法）
> ❷**木造枠組工法**（ツーバイフォー（２×４）工法）

の大きく２種類があります。

どちらも**「木」という素材のもつ特性**が活かされています。

■ 木造軸組工法は日本の伝統工法

　木造軸組工法は、古くから伝わる木造住宅の代表的な工法であり、**在来工法**ともいわれます。

　柱と梁に**筋交いを斜めに組み合わせ補強**します。

　また、筋交いに代わる構造用合板などの面材を使用したり、筋交いと構造用合板を組み合わせた**耐力壁**を作る工法もあります。

木造軸組工法のメリット

　何といっても、柱と梁で造られるので**間取りの自由度が高く、増改築に対応しやすい**ことです。

　柱と梁の接点と接点の間隔を自由に調整できるため、大きな開口部（扉や窓など）を作ることも可能です。

　また、作業のほとんどを現場で行うことになるため、職人の知識や経験など技術面に、建物の完成度が大きく左右されるのもこの建築工法の特徴です。

木造軸組工法のデメリット

　次に説明する工場で部材を製作する木造枠組工法（２×４工法）と比較すると、戸建１棟あたりの**工期が約５〜６カ月と長くなり、建築費用も高くなる傾向**があります。

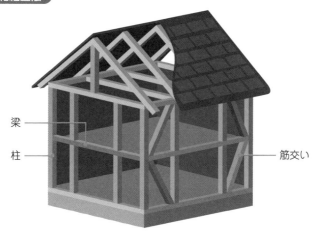

木造軸組工法

梁

柱

筋交い

う～ん、なるほど。在来工法だと、職人さんの腕が
必要なのか。施工業者の選択が重要ですね！

磨き抜かれた職人の腕が現場で活かされる。そこが
伝統工法の良さでもあるんだけど、時代とともに腕
のいい職人が減ってるのも事実です。

■耐震性に優れた木造枠組工法（２×４工法）

　木造枠組工法はアメリカで開発された工法で Framing と呼ばれ、アメリ
カ、カナダなど北米における木造建築物の代表的な建築の工法です。日本で
は「**ツーバイフォー工法**」とも呼ばれています。

　使用される角材が「２インチ ×４インチ」（38mm×89mm）という**国際規
格のサイズ**が使われることから「ツーバイフォー」というようになりまし
た。また、ツーバイフォー工法でも、開口部を広くとる空間（大型駐車場
など）の梁などには、より壁厚のあるツーバイシックス（38mm×140mm）

やツーバイエイト（38mm×184mm）の角材を使用したりします。

　ツーバイフォーやツーバイシックス、ツーバイエイトなどの角材は、国際規格のため国内のホームセンターや DIY ショップで安価に購入することができます。

　木造枠組工法は、ツーバイフォー（2×4 インチ）の**角材で枠組み**を作り、枠組みに構造用合板など**面材を釘(くぎ)打ち**して造ります。

　床、壁、天井の６面で建物を支えるため、**地震の揺れに強く**、**気密性**、**断熱性**、**遮音性**に優れる工法です。

　また、木造軸組工法と異なり、部材の多くを工場で製作し、現場で組み立てる工法であるため、職人の技術面に左右されず、仕上がりが安定しているのも特徴です。

　戸建１棟あたり約３〜４カ月と**工期も短く**、**建築費用も抑えられます**。

木造枠組工法

床面

ツーバイフォー材
で枠組みを作る

壁面

木造の最大の敵は湿気です。湿気が多い土地では、シロアリによる被害や腐朽の心配があります。床下の換気対策を考え、常に、風通しがよく乾燥した状態を保つことが何より大切です。

ありがとうございます！　お客様にメリットばかりではなく、デメリットに対しどのように対処しているのかを説明できるように勉強します！

床下の換気対策かぁ〜、メモしとこっと……

	メリット	デメリット
木造軸組工法	● 狭い敷地や変形した敷地でも建てやすい ● 設計の自由度が高く、希望の間取りを作りやすい ● 将来の増改築・リノベーションがしやすい ● 鉄骨造やRC造の家より坪単価（建築コスト）が安い	● 職人の技術力により品質が左右されやすい ● 他の工法に比べて気密性や遮音性に配慮が必要
木造枠組工法（ツーバイフォー工法）	● 木造軸組工法と比べ耐震性・気密性・断熱性・遮音性に優れている ● 大部分が工場生産のため、工期が短い ● 職人の技量による品質差が出にくい ● 鉄骨造やRC造の家より坪単価（建築コスト）が安い	● 壁で支える構造のため、開口部の位置やサイズに制限がある ● 壁の移動が難しく、間取り変更を含むリノベーションが制限される

S造・RC造・SRC造の メリット＆デメリット

■（S造）は鋼材厚で２種類区分

　鉄骨造は、**S造**（SはSteel：鋼、鋼鉄の略）とも表わされ、柱や梁など構造上重要な部分に、**鋼鉄を加工した鋼材を組み合わせる建築工法**です。マンションやビルはもちろん、一戸建でもよく用いられます。

　鉄骨造は、使われる鋼材の厚みにより

> ❶**重量鉄骨造（厚み６mm以上）** 高層物件や大型建築物
> ❷**軽量鉄骨造（厚み６mm未満）** 低層物件や小規模建築物

に分けられます。

　重量鉄骨造では、垂直の柱と水平の梁の**接合部を強く一体化**して屈強な骨組みを造る「**ラーメン構造**」という工法が主に用いられます。

　ラーメンとは、ドイツ語でRahmen（額縁）の意味で、厚みがあり頑丈な鋼材を組み合わせたラーメン構造では、**筋交い（ブレース）による補強を必要としない**ため、**開口部の広い大空間を作ることが可能**であり、間取りの自由度が高く、**増改築がしやすい**のが大きな特徴です。

　しかし、軽量鉄骨造と比べると、どうしても**建築単価が高くなります**。

　一方、軽量鉄骨造は、木造軸組工法と同じように、柱と梁を**筋交い（ブレース）で対角に補強する工法**を用い、重量鉄骨造と比較し建築単価が抑えられるため、個人宅や低層の小規模店舗などに最適です。

3日目
夢を形に！　建築のキホン

鉄骨造（ラーメン構造とブレース構造）

ラーメン構造

ブレース構造

「ラーメン構造」は、チャーシューとシナチクを思い浮かべてしまいました（笑）　「ラーメン」が「額縁」だったとは……。

鉄の特徴は粘り強さです。鉄骨造は、地震の揺れに強い反面、熱には弱く鉄骨を耐火素材で覆う必要があります。その弱点を克服したのが鉄筋コンクリート造（RC）です！

■ 鉄筋コンクリート造（RC造）　性質の違う最強コンビ！

　鉄筋コンクリート造は、**RC造**（Reinforced< 補強 > Concrete< コンクリート >の略）ともいい、鉄筋を組み立て、周りに型枠（かたわく）を作り、コンクリートを流し込んで固める構造です。

　鉄筋とコンクリートという**性質の異なる素材を組み合わせる**ことによって、どのような効果が生まれるのかをまとめてみました。

❖POINT　鉄筋コンクリート造（RC造）の特徴

❶ 引張力（ひっぱりりょく）に強い鉄筋が、引張力に弱いコンクリートを守る
❷ 圧縮力に強いコンクリートが、圧縮力に弱い鉄筋を守る
❸ 耐火性、耐熱性に優れるコンクリートが、熱に弱い鉄筋を守る
❹ アルカリ性のコンクリートが酸化しやすい鉄筋を錆から守る

鉄筋コンクリート造は最強ですね！　まったく性質の違う素材のコラボなんて、思いつかないですよ！

２つの素材がお互いの弱点を補うことで、鉄骨造よりも、耐震性、耐火性、耐久性、遮音性に優れた構造を実現しました！
建太くんと学くんも最強コンビになってくださいね！

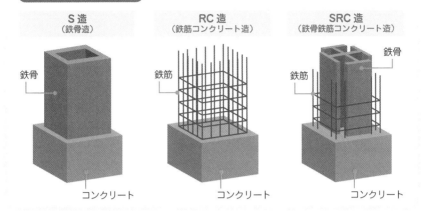

S造、RC造、SRC造

S造
（鉄骨造）

鉄骨

コンクリート

RC造
（鉄筋コンクリート造）

鉄筋

コンクリート

SRC造
（鉄骨鉄筋コンクリート造）

鉄骨

鉄筋

コンクリート

■ 鉄骨鉄筋コンクリート造（SRC造）

　鉄骨鉄筋コンクリート造は、**SRC造**（Steel Reinforced Concrete の略）といい、**鉄筋コンクリート造（RC造）と鉄骨（Steel）を組み合わせた構造**で、鉄骨の周囲を鉄筋で囲み、型枠を組んでコンクリートを流し込んで固めます。

　鉄筋コンクリート造（RC造）に、鉄骨の持つ粘り強さが加わることにより、耐震性や耐火性、外圧に対する強度が更に上がるため、**高層建築物や大規模建築物に最適**です。

　ただし、鉄骨鉄筋コンクリート造（SRC造）は、鉄骨造と鉄筋コンクリート造という2つの構造を組み合わせるため、工程が複雑化し**工期が長くなり、それに伴って建築費用も高額**となる傾向があります。

　また、複数の部材を組み合わせることにより、柱、梁などの断面寸法が大きくなり、設計上の制約も増えるため、間取りの自由度は、鉄筋コンクリート造よりも低くなるというデメリットもあります。

3日目

夢を形に！ 建築のキホン

建築構造の比較

構造	コスト	遮音性	耐震性	耐火性
木造	◎	×	×	×
S造	○	△	△	△
RC造	△	◎	○	◎
SRC造	△	◎	◎	◎

3-03 地震に強い３つの構造

　日本は世界有数の地震多発国です。気象庁の発表によると、2009年から2018年にかけ世界で発生したマグニチュード６以上の地震の約２割が日本の周辺で起きています。

　今後も南海トラフ地震や首都直下地震など巨大地震の発生が予測され、地震に強い家づくり、**災害対策の強化が課題**となっています。

建築の相談に来られるお客様は、地震に強い建物かどうかを気にされます。僕よりも詳しい方も多く、焦っちゃいます（汗）

確かに、地震や自然災害が多発する日本では、安全や防災も不動産購入の大事なチェックポイントです。まずは、地震に強い３つの構造から勉強してみるといいですよ。

■改正を繰り返す耐震基準

　建物に必要とされる**耐震性能**や**強度**に関しては、**建築基準法**で定められています。建築基準法での耐震基準はたびたび改正されてきました。

　1981年６月には、1978年の宮城県沖地震を受けて行われた建築基準法の改正により、「**新耐震基準**」が導入され、阪神・淡路大震災クラスの**震度６強から７程度の地震でも建物が倒壊や崩壊しないだけの構造基準**が義務付けられました。

　その後の2000年の改正では木造住宅に関するものが主で、鉄筋コンクリート造の耐震基準は1981年改正以降大きく変わっていません。

　2000年には、**「住宅の品質確保の促進等に関する法律」（品確法）**が制定

され、**耐震等級の制度**ができました。

　しかし、建物の倒壊、崩壊を防いで、人命を守ることはできても、地震の規模よっては、建物は大小さまざまな被害を受けてしまいます。被災地の復興にも多大な時間と資金が必要となります。

■ 地震に強い3つの構造

地震の揺れを制御する建物の構造には次の3種類の構造技術があります。

① **耐震構造**　建物自体の強度を高める
② **制震構造**　地震の揺れを吸収する
③ **免震構造**　建物に地震の揺れが直接伝わらないようにする

① 耐震構造

　耐震構造とは、柱、梁、壁など建物自体の強度を高め、**地震の揺れをそのまま受け止める構造**です。地震の規模によって主要構造部に損傷が生じたり、建物が倒壊しなくても、室内の家具などが転倒する危険性があります。

② 制震構造

　制震構造とは、建物内に**制震装置（ダンパー）を設置**することにより、**地震の揺れを吸収する構造**です。

　制震装置には**屋上設置型**と**構造体に組み込むタイプ**とがありますが、いずれも改築時ではなく新築時に設置する方が効果的です。

③ 免震構造

　免震構造とは、**建物と地盤との間に積層ゴムなどの免震装置を設置**し、建物に地震の**揺れが直接伝わらないようにする構造**です。

　地震に対しては最も効果的な構造ですが、免震装置の設置や維持にかかるコストが高いのが難点です。

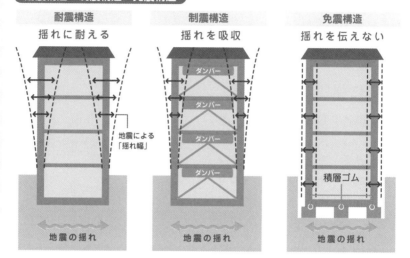

■ 住宅性能表示制度と耐震等級

建物の**耐震性や強度**に関しては、「**住宅性能表示制度**」で定める「**耐震等級**」を確認する方法もあります。

耐震の性能は、耐震等級1〜3の3段階で表示され、数字が大きいほど建物の耐震性が高く、地震に強い構造となります。

❶ 耐震等級1

建築基準法で定められている建物に求められる最低限の耐震性能、すなわち「**新耐震基準**」を満たしており、数百年に一度発生する震度6強から7程度の地震で建物が倒壊、崩壊しない水準です。しかし、倒壊、崩壊はしないまでも、一定の損傷や損害は生じる可能性があります。

❷ 耐震等級2

耐震等級1の1.25倍の耐震性能となり、災害発生時の避難場所に指定されている公共建築物（学校、病院など）は、耐震等級2が必須要件となります。

国土交通大臣が、耐震性、省エネ性など厳しい基準をクリアした住宅に認定する「**長期優良住宅**」も、耐震等級2以上が要件となります。

❸ 耐震等級3

　耐震等級1の1.5倍で、住宅性能表示制度の最高レベルの耐震性能となり、震度6強から7の大地震でも補修程度で対応できる水準です。災害時の復興拠点（警察署、消防署など）の多くは耐震等級3の建物です。

✦POINT✦　耐震等級は住宅性能表示制度の評価項目

住宅性能表示制度は、2000年4月1日施行の「住宅の品質確保の促進等に関する法律」（品確法）に基づく制度で、国が指定する第三者機関が統一の評価基準によって建物を評価します。**耐震等級**は、その評価項目の1つです。

不動産や建築の専門知識を持たない方でも、建物の品質、性能を「数字」で判断できるよう定められた制度ですが、任意利用であるため、すべての建物がこの制度を利用しているわけではありません。

　先日、初めてのお客様から、住宅ローンで有利だから、耐震等級3が希望だって言われたんですけど、このことだったんですね。納得です！

　フラット35ですね。他にも固定資産税、住宅ローン控除、地震保険など耐震等級3を取得すると、たくさんメリットがあるんですよ。

✦POINT✦　耐震等級2・3の4つのメリット

❶ **固定資産税**が5年間2分の1に減額される（長期優良住宅の場合）。
　　※3階以上の耐火住宅・準耐火住宅は7年間、2分の1に減額されます。

❷ **住宅ローン最大控除額**が5,000万円×0.7％となる（長期優良住宅の場合）。
　　※居住年月日により異なる。（179ページ）

❸ **フラット35S金利Aタイプ**（10年間、金利が－0.25％）が利用可能（耐震等級3の場合）。
　　※フラット35S金利Bタイプ（5年間、金利が－0.25％）は耐震等級2以上で利用可能となります。

❹ **地震保険**が50％安くなる（耐震等級2は30％安くなります）。

3-04 建物を支える基礎と地盤の話

　みなさんは、**建物の基礎**と聞いて、「家のあの部分！」と思い浮かべることができますか？

　ほとんどの人が漠然と「改めて聞かれると？？」といった印象ではないでしょうか。

　それもそのはず、**基礎は建物と地盤をつなぎ、重さや加えられる力を均等に地盤に伝える土台となる部分**です。

　建物が完成してしまったら、目で見て確認できる部分は極わずかです。何十年もの間、私たちの快適な生活を支え続ける「縁の下の力持ち」なのです。

　そして**建物の基礎を支えるのが土地の地盤**です。

　土地にも固くてしっかりとした良好な地盤もあれば、粘土状で柔らかく荷重に弱い軟弱な地盤もあります。

　どんなに美しく優れたデザインの家を建てても、それを支える基礎に問題があったり、建物の荷重に耐えられない軟弱な地盤であれば、建物が傾いたり不揃いに沈み込む**不同沈下の原因**となります。

■ 3種類の「縁の下の力持ち」

建築は基礎が1番大切だって、いつも会社で言われてます。最近、色々な現場で基礎工事を見る機会が増えてきたので、勉強しているところです。

基礎は建物を地面の湿気から守ったり、建物の重さを均等に地面に伝える役割があるんです。基礎には3種類の工法があって、建物の内容や地盤の状態によって最適な工法を選択することが大切です。

❶ 線で支える布基礎

　布基礎は、**安定した良好な地盤で使用される工法**です。建物の外壁や間仕切り壁の下に逆T字の鉄筋コンクリートを連続して設置し、間に防水シートを敷き詰め、約5cm厚でコンクリートを施します。

　他の工法と比較しコスト面では抑えられますが、**コンクリートが薄いため、地面からの湿気に弱く、シロアリ被害を受けやすいという特徴**があります。

❷ 面で支えるベタ基礎

　ベタ基礎は、**軟弱地盤で使用される工法**で、**床下全面に約15cm厚の鉄筋コンクリートを施します。**布基礎と比較し、面全体で建物を支える工法であるため、**耐震性に優れ、湿気やシロアリ被害にも効果的**です。

　しかし、コンクリートの使用量が増えるため、布基礎と比較するとコストが高額になります。

❸ 固い地盤まで杭を打つ杭基礎

　杭基礎は、布基礎やベタ基礎のように浅い地盤で建物を支えられない場合に、**支持層と呼ばれる強くて固い地盤まで杭を打ち込んで建物基礎を支える工法**です。

　ベタ基礎と同様に軟弱地盤の場合や地盤の強度に比べ重量のある**大型建築物を建てる場合**に使用されます。

基礎を作る3つの工法

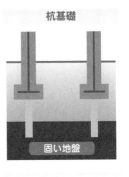

107

■超軟弱で危険な地盤は「地盤改良」で強化する

　建物の内容や地盤の状態により、最適な基礎を選択するわけですが、それだけでは安全に建物を支え切れないほど、地盤が弱く危険な状態であれば、**地盤自体を頑丈なものに造り変える「地盤改良工事」**を行います。

　地盤改良の工法には、

---

❶ **表層改良工法**　　軟弱部分が地表から2m以内のとき
❷ **柱状改良工法**　　軟弱部分が地表から2m～8m程度の場合
❸ **小口径鋼管杭工法**　軟弱地盤が深く地表から30m程度まで可能

があり、基礎工法と同様に、地盤の状態により最適な工法を選択することになります。

❶ 表層改良工法

　軟弱部分が比較的浅く、**地表から2m以内**の時に用います。軟弱部分を掘削しセメント系固化材を土に混ぜ強度の高い地盤をつくります。

❷ 柱状改良工法

　軟弱部分が地表から2m～8m程度の場合に用いる最も一般的な改良法です。

　改良機で地盤を掘削し直径60cm程の穴をあけセメントミルクを注入し基礎を支える円柱状の柱を造ります。建物の不同沈下防止に有効な地盤改良法です。

❸ 小口径鋼管杭工法

　軟弱地盤が深く地表から30m程度まで可能です。地中深くの良好地盤まで鋼管杭を打ち込み建物基礎を支えます。軟弱地盤の多い海岸や河川沿いの土地、不同沈下した土地の改良法としても用いられます。

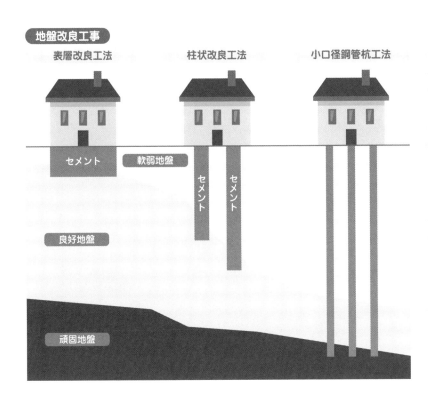

地盤改良工事

表層改良工法　　柱状改良工法　　小口径鋼管杭工法

セメント　　軟弱地盤

セメント　セメント

良好地盤

頑固地盤

3日目

夢を形に！建築のキホン

先日、上司と地盤が沈下してしまった家の相談に行ってきました。家が傾いていて本当に怖かったです。軟弱地盤が原因かも知れませんね。

それは不同沈下といって、原因の多くは軟弱な地盤です。地盤は土と水、空気で構成されていますが、水分を多く含んだ地盤は注意が必要です。適切な地盤改良をせずに家を建てると、数週間で不同沈下が始まるケースもありますよ。

❖POINT❖ 地盤調査の方法について

建物の基礎工法、地盤改良工事の必要性や改良法を判断するために行う地質調査です。スクリューウエイト貫入試験（SWS試験）は、先端がスクリュー状になったロッドを回転貫入させ回転数や音など地盤データを計測する方法です。

マンションなど大型建築物の場合に行うボーリング調査（標準貫入試験）は、1mごとに穴を開け、強度（N値）計測とサンプル採取を行う調査法です。

地盤調査

土の採取サンプル

3-05 切土・盛土と擁壁の設置

先生、先日、地盤がゆがんで傾いた一軒家がニュースになっていました。

住宅の造成工事に問題があると、軟弱地盤となって建物の不同沈下で傾いてしまいます。傾斜地や水田跡の造成地は軟弱地盤になりやすく、特に注意が必要なんです。

■ 宅地造成等規制法と災害防止対策

宅地造成とは次のようなことをいいます。

❶ 森林や農地、原野など宅地以外の土地を、建物を建てることのできる宅地に整地して「形状」を変更する

❷ 沼や池などを埋め立てたり、工場の跡地を住宅用地にする、またはすでに宅地である土地の「形質」を変更する

3日目　夢を形に！　建築のキホン

　一定規模以上の土地を宅地造成する場合は、**都市計画法等によって都道府県知事等からの「開発許可」**を受ける必要があります。

　1961 年には、宅地を造成することによる災害を防止するために「**宅地造成等規制法**」が制定されました。

　がけ崩れや土砂災害の危険性の高い区域に「**宅地造成工事規制区域**」を指定し、区域内での造成工事に対し、厳しい規制を設けています。

　軟弱地盤に対する地盤改良、これから説明する**切土**や**盛土**、そして**擁壁**の設置に関しても、宅地造成等規制法の対象として、**区域内での造成工事に対して一定の技術基準**が設けられています。

■厳しくチェック！　切土と盛土

切土とは、斜面地を平らにする目的で、**土壌を削り取り地面を低くする**ことをいいます。

一方、**盛土**は、斜面地を平らにする目的で**土を盛り地面を高くする**ことをいいます。丘陵地のひな壇式の造成地は、切土で削り取った土を下に盛土して造られています。

切土は表面の土を削り取りますが、もともとあった土壌を活かすため、**地盤強度が安定**しているのに対し、盛土の場合、土を一定の高さまで盛り上げるため、**上からの荷重に弱く地盤が不安定**になります。

そのため、土木シートなどの軟弱地盤安定材で補強したり、上から強い圧力を与え土壌を固めます。

これを「**締め固め**」といい、上からの圧迫により土粒子間の隙間をなくして、土中の気体や液体を外部に放出させる技術です。

締め固めが不十分な盛土は、建物の荷重や雨水の侵入により崩れやすく、危険度が高いといえます。

切土と盛土

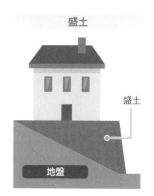

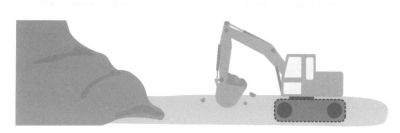

切土と盛土は工事のときに土砂崩れなどの危険があるので、慎重にチェックするよう会社からも厳しく言われています。施工前に許可が必要な造成工事もあるんですよね。

その通りです！　がけ崩れや土砂災害などの危険がある宅地造成工事の規制区域内では、都道府県知事の許可が必要となる造成工事の基準を定めて、安全対策を講じています。

❖POINT❖　宅地造成工事規制区域内で許可が必要な工事

❶ 切土で高さ2m超の崖（がけ）が生じる工事

❷ 盛土で高さ1m超の崖が生じる工事

❸ 切土と盛土を同時に行う場合、盛土で1m以下の崖を生じ、かつ、切土と盛土を合わせて高さが2m超の崖を生ずる工事

❹ 崖の高さに関係なく、切土と盛土を行う面積が500㎡超の工事

※「崖」とは、水平面に対する地表面の角度が30度を超えるものをいいます。

■「擁壁（ようへき）」で土砂崩れから家を守る

うわぁ〜切土も盛土も厳しい決まりがあるんですね〜
土木シートや締め固めだけで大丈夫なんでしょうか？
造成地に家を建てるのが怖くなってきましたよ。

安全性を確保するため、切土や盛土、傾斜地に必ず設置しなければならないものがあります。それが擁壁です。擁壁は斜面の土を留めるための壁状の構造物です。

擁壁（ようへき）は、傾斜地や高低差のある土地で**土砂崩れが起こらないように設置される構造物**で、大きく

> ❶ コンクリート擁壁
> ❷ ブロック擁壁
> ❸ 石積み擁壁

の3種類があります。

なかでも、よく利用されているのが**コンクリート擁壁**です。コストは少し高くなりますが、耐久性や強度に優れ、

❶ 逆T型　❷ L型　❸ 逆L型　❹ 重量式　❺ もたれ式

など、土地の状態、建物の配置などよって形態を使い分けることができ、敷地を有効に使えるのが特徴です。

擁壁の形態

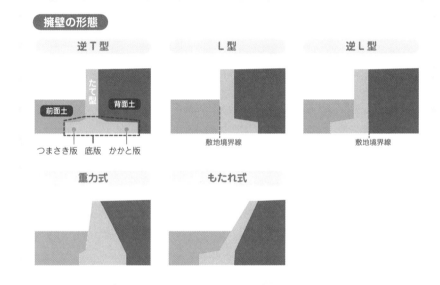

■ **擁壁を造る際には許可基準や構造計算があります**

擁壁を造ったり、擁壁のある家を購入する時に、特に注意すべき点は、法令による**許可基準や構造計算など技術基準が明確に定められている**点です。

建築基準法では、**高さ2mを超える擁壁**を設置する場合は、**建築確認申請が必要**になります。

申請して許可を受けなければ、工事を進めることができません。

　無許可で設置された擁壁や、技術基準を満たさない擁壁の場合は、不同沈下や土砂災害による建物の倒壊、最悪は命の危険にさらされます。

　また、擁壁全体を造り直すことになれば、想定外の負担を負うことは明らかです。

　擁壁の構造など技術基準に関しては、**宅地造成等規制法**により定められていますが、その１つに**水抜き穴の設置**に関する規定があります。

　水抜き穴とは、集中豪雨などによる含水量の増加、土圧や水圧増大による擁壁の倒壊を防ぐために設けられた穴で、陶管など耐水性の素材で造られています。

　設置基準は、擁壁の壁面**3㎡以内**ごとに、**内径 7.5cm 以上**の**水抜き穴**が、少なくとも１個は必要とされています。

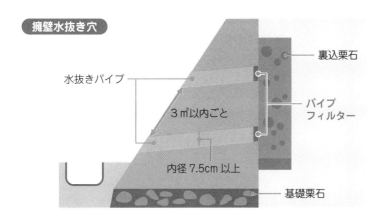

擁壁水抜き穴

裏込栗石

水抜きパイプ

３㎡以内ごと

パイプ
フィルター

内径 7.5cm 以上

基礎栗石

《擁壁110番》こんな擁壁は危険 !!

❶ 水抜き穴が設置されていない

❷ 水抜き穴から流れる水が変色している

❸ 水抜き穴のなかに泥や雑草が詰まっている

❹ 壁面が湿っていたり、変色している

❺ 壁面や水抜き穴にコケが生えている

❻ 壁面や水抜き穴にクラックや破損がある

❼ 壁面の膨張や目地の広がり、ズレがある

省エネルギー住宅の基本（その１）

　省エネは家電製品、住宅設備など、生活を取り巻くあるゆる分野で日常的に使われている言葉です。

　住宅でも、エネルギーの消費を抑えながら快適な生活空間を維持する「**省エネルギー住宅**」が注目されています。

　光熱費から地球温暖化まで配慮した省エネ住宅は、どのように造られ、どんなメリットがあるのか、わかりやすく解説しましょう。

■省エネ住宅の決め手は断熱材

　今や住宅を新築したりリフォームする際に、省エネは常識になってますよね。私の会社でも、特に問合せや相談が多い案件です。

　省エネ住宅に対する世間の関心はどんどん強くなっていますね。日々の光熱費を抑えるだけでなく、住宅ローンに有利だったり補助金とかもあるんです。

　暑さ寒さから快適な生活環境を保つために欠かせない部材が「**断熱材**」です。

　断熱材には、**家の外からの熱を通さずに建物内の温度を保ち、エアコン等の冷暖房の消費するエネルギーを少なくする役割**があります。

　省エネ住宅では、**外皮**（屋根、外壁、天井、床、窓をいいます）に断熱材を使って、外気の熱から室内の温度を守ってくれます。

　また、熱の出入口となる窓や玄関ドアなど開口部の建具類にも断熱性能の高い建材を使用すると断熱効果が高まります。

断熱材の分類と特徴

断熱材は、次の3種類に大きく分類できます。

	繊維系	発砲プラスチック系	自然系（天然素材系）
種類	グラスウール、ロックウールなど	ビーズ法ポリスチレンフォーム、硬質ウレタンフォームなど	セルロースファイバー、ウールブレス（羊毛）など
施工方法	充填断熱	外張り断熱、充填断熱	充填断熱
特徴	グラスウールは原料のガラスを高温で溶かし繊維状にしたものです。ロックウールは天然の鉱石を高温で溶かし繊維状にしたものです。**断熱性、耐火性に優れ、コストが安いため**、一般住宅で幅広く使用されています。**結露しやすいのが弱点**で湿気対策が必須です。	ビーズ法ポリスチレンフォーム、いわゆる「発砲スチロール」は、水や**湿気に強く、軽量で施工しやす**いため、ボードタイプが外張り断熱として利用されます。冷蔵庫の断熱材にも使用されている硬質ウレタンフォームは、熱伝導率の低いガスが含まれており**断熱性能に優れます。**自己接着性があり、建物に直接発泡することにより**接着剤を使用しなくても**断熱層をつくることができます。	セルロースファイバーは、新聞古紙や段ボールなどにホウ酸を加え綿状にしたものです。吸放湿性が高く**結露に強い**のが特徴です。また、充填断熱で隙間なく吹き付け、**気密性の高さ**を確保します。天然素材であるウールブレスは、シックハウスの原因となるホルムアルデヒドを含まず、**健康や環境に優しい断熱材**です。**防虫効果**が高く、**防音性**にも優れますが、**コストが高い**のがデメリットです。

断熱材の2つの施工方法

断熱材の施工方法には、次の2種類があります。

❶ **充填断熱（内断熱）**　柱や梁、内壁の内側に断熱材を詰め込む
❷ **外張り断熱（外断熱）**　柱や梁、内壁の外側に断熱材を貼り付ける

❶ 充填断熱

柱や梁、内壁と断熱材との接合部に隙間ができやすいため、筋交いや金物があり隙間ができやすい場所は吹き込みの充填断熱で対応します。結露防止のための通気層や防湿層が必要。費用的には**外張り断熱より安価**です。

❷ 外張り断熱

　柱や梁、内壁の外側をすっぽりと断熱材で覆うため、**気密性が極めて高く、冷暖房の効率がいいのが特徴**です。外壁や窓サッシなどの取り付けが少し大変です。費用は**充填断熱よりも高額**です。

充填断熱・外張り断熱

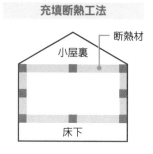

断熱材は、素材によって特徴が異なるため、使用する場所や予算に応じて断熱材の種類と施工方法の組合せを考え、断熱効果を高めます。

■ 省エネ設備と創エネ設備

　省エネ住宅を実現するには、**「建築」による手法**と、**「設備」による手法の双方が必要**です。建築による手法の中心となるのが、これまで説明してきた断熱材の効果的活用です。

　そして、設備による手法には、次の2つがあります。

❶省エネ設備
❷創エネ設備

❶ **省エネ設備**⇒冷暖房、給湯器、照明器具、換気扇といった省エネ性能の高い家電製品などをいいます。

❷ **創エネ設備**⇒太陽光発電パネルなど、家庭で使用するエネルギーを自ら創り出す設備。エネルギーを蓄える家庭用蓄電池と併せて使用することにより、発電時以外の時間も効率的に電気を利用できます。

省エネ設備・創エネ設備

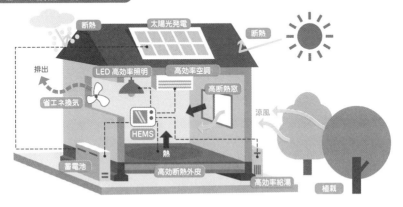

断熱　太陽光発電　断熱
排出
LED高効率照明　高効率空調
省エネ換気　高断熱窓
HEMS　涼風
蓄電池　熱
高効率断熱外皮　高効率給湯　植栽

前から疑問に思っていたのですが、省エネには基準となるものがあるのでしょうか。

学くん、いいところに気が付きましたね。もちろん、省エネには基準があり、時代とともに改正されてきました。

3日目

夢を形に！建築のキホン

■省エネ基準と３つの判断材料

建築物の省エネ基準は、「**建築物省エネ法**」で、「**建築**」による手法と「**設備**」による手法の両面で具体的な省エネ基準が定められています。

省エネ基準は、時代とともに見直しを繰り返し、

- 旧省エネ基準　（昭和55年）
- 新省エネ基準　（平成４年）
- 次世代省エネ基準　（平成11年）
- 平成25年省エネ基準　（平成25年）

と改正のたびに厳しい評価基準に見直しが行われています。

※平成25年省エネ基準は、平成28年に、「省エネ法」が「建築物省エネ法」に改正されたことにより、同じ基準内容で「**平成28年省エネ基準**」に変更されました。

省エネ基準の判断材料としては、

❶外皮（外壁、屋根、天井、床、窓）の断熱性能
❷窓から侵入する日射熱を遮る日射遮蔽性
❸一次エネルギー消費量（冷暖房機、給湯器、照明器具など設備機器に関する平成25年省エネ基準）

が判断基準に追加されました。

なお、**一次エネルギー消費量**とは、家庭で消費する電気、都市ガスなど二次エネルギーを、**太陽光、天然ガスなど自然から得られる一次エネルギーに換算して、消費量を表示したもの**をいいます。

省エネ基準の変遷

1980年代	1990年代	2000年代	2010年代	2020年代
昭和55年基準 旧省エネ基準	平成４年基準 新省エネ基準	平成11年基準 次世代省エネ基準	平成25年 省エネ基準	

平成28年省エネ基準に変更

3-07 省エネルギー住宅の基本（その２）

省エネ住宅には、どのような種類があるのでしょうか。今、最も注目度の高い **ZEH**、**スマートハウス**、**認定低炭素住宅** について詳しく解説します。

■ ゼロエネルギー住宅「ZEH（ゼッチ）」

省エネ住宅のなかでも、最近、特に注目度の高い住宅が **ZEH（ゼッチ）** です。

ZEH とは、「Net Zero Enargy House」の頭文字をとった略称で、家庭で消費するエネルギーを、「創エネ」によって0に収支するよう設計された住宅で、**「ゼロエネルギー住宅」** とも呼ばれています。

- -

❖POINT❖　ZEHの要件

❶ 外皮（外壁、屋根、天井、床、窓）の高断熱化（強化外皮基準）

⇒地域ごとに定められた外皮平均熱貫流率（UA値）を下回ることが必要です。UA値とは、住宅内部から外皮を通じて外部へ放出される熱量で、東京、大阪、名古屋などでZEHの要件として必要とされる基準は0.6以下（省エネ法の省エネ基準：0.87）となります。

❷ 省エネ設備（冷暖房、給湯器、照明器具、換気扇など）利用により、基準一次エネルギー消費量が省エネ法の省エネ基準より20％以上削減される。

❸ 創エネ設備（ソーラーパネルによる太陽光発電）や家庭用蓄電システムを導入

❹ 上記❶❷❸により、基準一次エネルギー消費量が100％削減される。

| ZEH | 消費エネルギー － （❶ ＋ ❷ ＋ ❸）＝ ❹0（ゼロ） |

3日目

夢を形に！建築のキホン

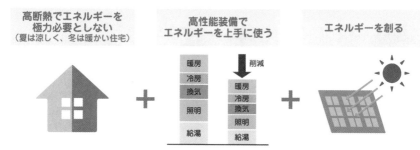

高断熱でエネルギーを極力必要としない（夏は涼しく、冬は暖かい住宅）	高性能装備でエネルギーを上手に使う	エネルギーを創る

資源エネルギー庁ホームページより

ZEHには補助金が出ます

　国は 2020 年までに標準的な新築住宅を ZEH に、2030 年までに新築住宅の平均が ZEH になることをめざし、次の対象の方に住宅に関する補助金の制度を設けています。

❶ ZEHを新築する人
❷ ZEH新築建売住宅を購入する人
❸ 所有物件をZEHに改修する人

　2023 年度は **55 万円／戸の補助金を交付**しています。

　なお、ZEH 補助金の支給には、住宅の技術基準とともに、ZEH プランナー（建築事務所）や ZEH ビルダー（ハウスメーカーなど）の登録を受けた業者で施工することが要件となっています。

■IT省エネ住宅「スマートハウス」

　ZEH とともに注目度の高い省エネ住宅に「**スマートハウス**」があります。

　スマートハウスとは、家庭で使う、貯める、創るエネルギーを IT（情報技術）を使用してコントロールし、最低限の電力消費に節約できる住宅です。

　特に注目すべきは、HEMS というエネルギー管理システムです。

　HEMS は、「Home Energy Management System」の頭文字の略称で、

住宅内の**消費エネルギー**（エアコン、給湯器、家電など）、**創エネルギー**（太陽光発電など）、**蓄エネルギー**（家庭用蓄電池など）の動きをネットワークにより「**見える化**」するシステムです。

　HEMS による住宅エネルギーのネットワーク化により、エネルギー消費量をパネルで確認したり、外出先で冷暖房機など家電製品をスマホで遠隔操作することにより、無理なく無駄のないエネルギー管理が実現できるわけです。

　政府は 2030 年までにすべての家庭に HEMS を設置することをめざしています。

HEMSを使った住宅エネルギーのネットワーク化は、これからもっと普及しそうですね！　デメリットはないのでしょうか？

HEMSは有望なシステムですが、導入には約10万円から20万円ほどの費用が必要です。現実的な話ですが、HEMS導入のコストを必ず回収できるとは限りません。国や自治体の補助金制度も調べておくべきですね。

HEMSスマートメーター

HEMSや家庭用蓄電池の導入には、国が実施するものと地方自治体が実施する補助金制度を利用できます。

申請期間や条件など詳細に関しては、その都度、経済産業省（資源エネルギー庁）や各自治体ホームページで確認する必要があります。

また、家庭用蓄電池とHEMS、家庭用蓄電池とソーラーパネルなどの組合せにより、補助金制度が利用できる自治体もあるので、確認してみましょう。

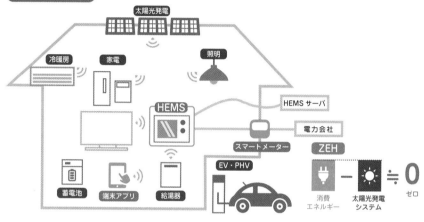

■ 二酸化炭素の排出を抑えた住宅

　認定低炭素住宅とは、市街化区域で二酸化炭素の排出を抑えた住宅で、**「都市の低炭素化の促進に関する法律」（エコまち法）**に基づく「低炭素建築物認定制度」の定める認定基準を満たした住宅です。

　低炭素住宅に認定されると、**登録免許税の軽減措置や住宅ローンの金利優遇**など様々なメリットがありますが、外皮の断熱性やエネルギー消費量の削減など厳しい条件をすべてクリアすることが必要となります。

先日、お客様に低炭素住宅の認定について相談を受けました。ZEHのことは勉強していたんですが、何も分からず先輩にフォローしてもらいました。

ZEHやHEMSと同様、認定低炭素住宅が地球温暖化対策の１つとして注目されていますね。認定基準には必須２項目と選択８項目があるんです。

❖POINT❖　認定低炭素住宅の認定基準

（a）必須項目（２項目）

❶ **外皮の熱性能** ⇒ 省エネ基準レベルの断熱性能、日射熱取得性能がある

❷ **一次エネルギー消費量** ⇒ 省エネ基準に比べ−10％超の省エネ性能がある

（b）選択項目（８項目のうち２項目選択）

❶ 節水機器を設置している（便器、水栓、食器洗い機など）

❷ 雨水、井戸水または雑排水を利用するための設備を設置している

❸ HEMSまたはBEMS（ビル用エネルギー管理システム）を設置している

❹ 太陽光発電（創エネ）や蓄電池（蓄エネ）などを設置している

❺ ヒートアイランド対策を講じている（屋上緑化、壁面緑化など）

❻ 住宅の劣化軽減のための措置を講じている

❼ 木造住宅または木造建築物である

❽ 高炉セメントまたはフライアッシュセメントを構造耐力上主要な部分に使用

認定低炭素住宅のメリット

❶ **住宅ローン控除の控除額拡大**（控除期間13年間の場合）

最大控除額（一般住宅）273万円　⇒（認定住宅）455万円

控除対象限度額（一般住宅）3,000万円　⇒（認定住宅）5,000万円

※居住年月日により異なる。（179ページ）

❷ **登録免許税の税率軽減**（適用期限：令和6年3月31日まで）

所有権保存（本則税率0.4％）　⇒（認定住宅）0.1％

所有権移転（本則税率2.0％）　⇒（認定住宅）0.1％

❸ **住宅ローン金利優遇**

フラット35の借入金利から−0.25％の優良住宅取得支援制度【フラット35S】金利Aプランが利用可能（金利優遇期間10年間）

バリアフリー住宅の基本

「**バリアフリー住宅**」と聞くと、高齢者にやさしい「**段差のない家**」を思い浮かべます。

段差の解消は、バリアフリー住宅の最も重要な条件ですが、それ以外にも、**手すり**を付けた幅のある廊下、**室内の明るさや温度**、**介護しやすい浴室**など、生活に関わるすべての**バリア（不自由）を解消した快適な生活空間**が、本来のバリアフリー住宅です。

バリアフリー住宅の具体的な基準に関しては、住宅性能表示制度の「**高齢者等配慮対策等級**」で、新築やリフォームする場合のポイントが示されています。

■高齢者の居室とトイレは同一階に配置

バリアフリー住宅の基本は、高齢者が生活する場合を想定した部屋の配置を考えることから始まります。

バリアフリー住宅を計画する上でのポイントは、**高齢者の生活する居室とトイレ、脱衣所、浴室、ダイニングなどを同じ階に設ける**ことです。しかし、すべてを同じ階に設けることが難しい場合、生活のなかで使用頻度の高いトイレだけは同一階に配置します。

その上で、将来的なホームエレベーター設置ができるようなスペース的余裕をみておくと理想的です。

■ 生活空間の段差を解消する

バリアフリー住宅の最大のポイントは**段差の解消**です。部屋と部屋との段差はもちろん、脱衣所と浴室、玄関の出入口の段差などすべてが対象となります。

また、**床の材質変更、見切り材（建材の境目に使用される建材）の使用**、建具の敷居などにより生じる高低差は、設計で3mm以内、施工で5mm以内であれば、段差のない状態と考えます。

他にも、構造上、段差の生じやすい箇所に対する高低差の基準があります。

- -

❖POINT❖　理想的な高低差はどれくらい？

❶ **玄関外側の床と玄関扉の沓摺の段差**　⇒　20mm以下

❷ **玄関扉の沓摺と玄関土間の段差**　⇒　5mm以下

❸ **脱衣所床と浴室床の段差**　⇒　20mm以下

❹ **浴室内外の高低差**　⇒　120mm以下、浴室のまたぎ高さ180mm以下とし、
　　かつ手すりを設置

❺ **バルコニーの出入口の段差**　⇒　180mm以下（踏み台設置で360mm以下）

❻ **バルコニーの出入口の段差**　⇒　250mm以下、かつ手すりを設置

バリアフリー住宅の階段などの高低差には基準があります

- -

3日目

夢を形に！建築のキホン

バリアフリー住宅にとって段差の解消は一番の課題ですね。新築住宅はともかく、高齢化を想定せずに建てられた建物のリフォームは大変ですよ！

その通りですね。人は加齢とともに身体機能や感覚機能が衰えます。これまで意識しなかったところに不自由さを感じ出します。これからは、高齢化を想定した住宅設計が必要な時代です。

バリアフリー住宅では、段差が生じやすい場所で理想的な高低差を維持するとともに、玄関の土間と**上り框の段差が大きすぎないか**、屋外に雨で滑りやすくなる素材を使用していないかといった細部まで、**生活者の立場に立って配慮**することが大切です。

エントランスの階段やスロープには、**手すりや夜間でも安全に歩行できるよう足元灯を設置**してみるのもよいでしょう。

■ バリアフリー住宅の階段の決まりごと

階段は、家のなかでも特に転倒、落下などによる事故の危険性の高い場所です。

住み慣れた自宅であっても、万が一の事故が起こってしまった時は、骨折など大事故につながることも少なくありません。

階段の勾配は、できる限り緩やかで上り下りしやすくして、転倒防止や転倒してしまった場合の安全措置も必要です。

バリアフリー住宅では、階段に関して次の基準を定めています。

バリアフリー住宅の階段の基準

❶ **勾配** ⇒ 22／21（蹴上／踏面）以下

❷ **寸法** ⇒ 550㎜≦蹴上×2＋踏面≦650㎜（蹴上の2倍と踏面を足した寸法が550㎜以上650㎜以下）で、かつ、踏面寸法が195㎜以下

❸ **形状** ⇒ 直階段、回り階段があり、直階段が理想的です。回り階段の場合でも、次の何れかに該当する場合、上記❷寸法の規定は適用されません。

(a) 90度屈曲部分が下階の床から上3段以内で構成されており、踏面の狭い方の形状がすべて30度以上となる回り階段

(b) 90度屈曲部分が踊場から上3段以内で構成されており、踏面の狭い方の形状がすべて30度以上となる回り階段

(c) 180度屈曲部分が4段で構成されており、踏面の狭い方の形状が下から60度、30度、30度、60度となる回り階段

❹ **蹴込み（踏み板と踏み板間の垂直の板）寸法** ⇒　30㎜以下

直階段と回り階段

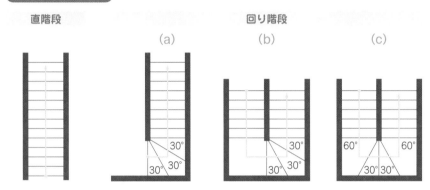

直階段　　　　　　　　　　回り階段

　　　　　　(a)　　　　　　　　(b)　　　　　　　　(c)

■ 手すりの設置目的は安全確保＆事故防止

祖父の家で手すりを付けようと考えているのですが、手すりの寸法や取り付け方に基準はあるんでしょうか？

段差解消とともに手すりの設置は、安全を考える上でとても大事です。取り付ける位置や寸法にも、ちゃんとした基準があるんですよ！

手すりは、

❶ **階段**　❷ **トイレ**　❸ **浴室**　❹ **玄関**　❺ **脱衣所**

に付けて、安全に歩けるようにして**転倒を防止**します。

　体への負担がきつく事故の危険性も高い**階段**は、建築基準法で少なくても**片側に設置が義務付けられています**。勾配が45度超の場合は両側への設置となります。

　踏面の先端から700㎜から900㎜の高さに設置します。

また、

⑥ バルコニー　⑦ ２階以上の窓

には、転落防止用の手すりを設置します。

❖**POINT**❖　バルコニーの手すり設定

❶ 腰壁の高さ650mm以上1100mm未満　⇒　床面から1100mm以上の高さ

❷ 腰壁の高さ300mm以上650mm未満　⇒　腰壁から800mm以上の高さ

❸ 腰壁の高さ300mm未満　⇒　床面から1100mm以上の高さ

❖**POINT**❖　２階以上の窓の設置位置

❶ 窓台の高さ650mm以上750mm（３階以上の窓：800mm）未満
　　　　　⇒　床面から800mm（３階以上の窓：1100mm）以上の高さ

❷ 窓台の高さ300mm以上650mm未満　⇒　窓台から800mm以上の高さ

❸ 窓台の高さ300mm未満　⇒　床面から1100mm以上の高さ

手すりには相当な力が加わるため、取付け箇所には、しっかりとした下地が必要です。形状は円形で外径3〜4cm程度の握りやすいものを、壁から４〜５cmの間隔で取り付けましょう！

手すりの種類

階段用

L字型

組み合わせ

据え置き型

縦型

水平型

■ 通路および出入口の幅

　廊下など通路の幅は、室内用車いすの利用を考えると **780mm**（柱などの箇所で 750mm）**以上は必要**です。また、手すりを設置する場合、約 10cm ほどの余裕をみておく必要があります。

　また、**玄関扉など出入口の幅**は **750mm以上**、浴室の出入口は **600mmから 650mm以上**は必要です。

　この場合の有効幅員は、建具類を開放した状態での有効幅であり、建具枠の幅ではありませんので注意が必要です。

　扉のタイプは、開き戸と引き戸がありますが、開き戸と比べて**引き戸の方が力を掛けず少ない動作で開閉が可能**です。

　特に車いすを利用する場合、**引き戸の方が負担が軽減**されますが、開き戸にする場合、ドアノブはわずかな力で開放できる大きめの**レバーハンドル**にするなどの工夫が必要です。

通路・出入口の幅

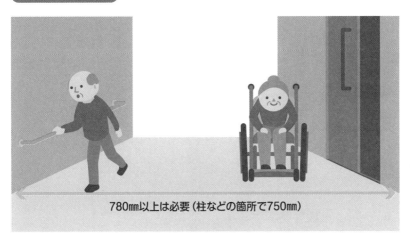

780mm以上は必要（柱などの箇所で750mm）

■ 寝室、トイレ、浴室の広さ

バリアフリー住宅は、今は介助する人がいなくても、将来の老後を考え、**介助スペースを考慮した間取り**の計画や設計をしておくことが大事です。

特に高齢者の生活する住宅では、

❶ 寝室　❷ トイレ　❸ 浴室

について次のような広さが望まれます。

❶ 寝室 ⇒ 内法面積9㎡（6帖）以上。将来、介助用ベットを利用することを考慮し、12㎡（8帖）以上の広さが望まれます。

❷ トイレ ⇒ 便器の前方と側方に500㎜以上のスペースを確保する。または、長辺が内法1300㎜以上とする。

❸ 浴室 ⇒ （一戸建）短辺が内法1300㎜以上、面積が内法2.0㎡以上
（共同住宅）短辺が内法1200㎜以上、面積が内法1.8㎡以上

■明るさや室温にも配慮した快適空間を！

　バリアフリー住宅では、安全性を考えた段差の解消や手すりの設置以外に
も、**室内の明るさや室内の温度**にも配慮する必要があります。

　老化により視力が低下するので、玄関や階段、廊下など転倒しやすい場所
には**足元灯や人感センサー付きの照明器具**を取り付けると安全性が高まり
ます。

　また、冬場の室温差によるヒートショックを避けるため、浴室や脱衣所に
は床暖房や浴室暖房などを設置すると、寒暖差による身体への負担を軽減す
ることが可能です。

バリアフリー住宅のメリット

❶ 住宅ローン金利優遇

　住宅性能表示制度の高齢者等配慮対策等級3以上でフラット35の借入金利
　から−0.25％の優良住宅取得支援制度【フラット35S】が利用可能。

　◎等級4以上⇒フラット35S金利Aプラン（金利優遇期間）当初10年間
　◎等級3以上⇒フラット35S金利Bプラン（金利優遇期間）当初5年間

❷ 高齢者住宅改修費用助成制度（バリアフリーリフォーム補助金）

　介護保険による補助金制度で、リフォーム工事費用（上限20万円）の9割、
　最大18万円が介護保険から支給される。

3日目

夢を形に！ 建築のキホン

133

自宅、学校、勤務先、駅構内など、誰もが利用する「階段」。意外と知られていませんが、階段にも**法令上の規定**があります。

階段の基準に関しては、建物の用途や規模により、**建築基準法で必要とされる技術基準**が明確に定められています。

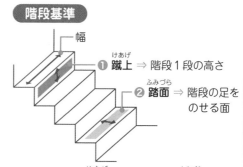

階段基準

幅

❶ **蹴上** けあげ ⇒ 階段1段の高さ

❷ **踏面** ふみづら ⇒ 階段の足をのせる面

例えば、一般住宅の場合、**階段幅75cm以上、蹴上(けあげ)23cm以下、踏面(ふみづら)15cm以上**と定められています。この基準通りであれば、適法の階段という判断になるのですが、実際の生活上では不自由を感じる人が少なくないと考えられます。

なぜなら、この基準通りに階段を造った場合、傾斜は約57°となり、結構、急な勾配となります。

また、踏面15cmは、成人男性の足のサイズから考えると、体重を支えるには狭すぎて不安定であると考えられます。

特に、高齢者の生活する住宅では、手すりを設置し滑り止めを行っても転倒などの不安が残ります。

では、利用する人が上り下りしやすい、**理想的な基準**はあるのでしょうか。

一般的には、**蹴上の長さを2倍し、踏面の長さを足して60cmになる寸法が一般住宅の理想的な寸法**とされています。日本人の標準的な歩幅(約60cm程)を基に計算されています。

先の建築基準法の基準の場合、蹴上を3cm低く20cmとすれば、踏面20cm、傾斜角度は45°となり、病院、図書館など公共施設で基準とされる傾斜角度の約46°とほぼ同じ勾配にすることが可能です。

計算式　蹴上(cm)× 2 ＋踏面(cm)＝60cm

建築基準法で定める技術基準はあくまで最低基準であり、階段に関しては「適法＝安全」ではなく、生活する人の安全面に配慮した設計が必要不可欠です。

私の家はいくらで売れる？
4つの価格と3つの評価法

　4日目は、不動産の評価法と適正価格の見極め方を徹底解説します。

　不動産評価の基本となる「4つの価格」（固定資産税評価額、路線価、公示価格、実勢価格）の役割と読み解き方、そして「3つの評価法」（原価法、取引事例比較法、収益還元法）の基本から応用まで、実例を用いて分かりやすく解説します。

　『同じ土地、同じ建物なのに、どうして価格が違うのか？』

　この章を読み終えたあと、この疑問が解けるでしょう。

正子さん
不動産会社に勤務するキャリアウーマン。1年前に住宅ローンを利用して夢のマイホームを手に入れた。

歩実さん
正子さんの大学時代の後輩。IT関連企業に勤務。正子さんの影響で、不動産の購入を検討し始めた。

不動産の４つの価格①「公示価格」

■ 同じ条件の不動産って2つとない —— むずかしい値付け

モノの「価格」と聞いて、最初にイメージするのは、お金を支払って購入する商品の値段です。

土地や建物といった不動産も売買されるので、売主と買主が契約する時には価格が設定されます。不動産の場合は、**目的に応じて４つの「価格」がある**ことを覚えておきましょう。

5,000万円程度と判断される住宅を、売主が強気で7,000万円で売りに出しても、高すぎて買手はつかず取引が成立しません。売主の希望する値段は適正価格とは言えないわけです。

土地や建物の価格もスーパーやコンビニで売られている商品と同様に、競合との兼ね合い、**需要と供給のマーケットメカニズム**などによって価格が決まるのです。

不動産が一般の商品と異なるのは、**同じ物件が２つとないという独自性**にあります。同じ商品がたくさんあれば同じ値段を付けられますが、まったく同じ条件の不動産（特に土地の場合）はないので、**適正な値付けが一般の商品よりもむずかしい**のです。

そのために、国土交通省が発表する取引の基準となる**公示価格**や、国税庁が発表する税金算定のための**路線価などの基準価格**があります。

私も正子さんのように頑張ってマイホームを購入したいのですが、ネットの情報は価格がさまざまで、どれが割安でいい物件なのか、判断ができません。

不動産の価格は妥当なのか、何か基準となるものがなければ不安になりますね。
まずは地域的な相場感を把握するためにも、毎年発表される公示価格を参考にしてみるといいですよ。

■ 公示価格は土地取引の「指標」

不動産の価格が適正かどうかを判断する上で、必ず理解しておきたいのが「**地価公示法**」による「**公示価格**」です。公示価格は、国土交通省が毎年1月1日時点の土地の評価として3月中旬頃に発表します。

不動産取引の場合、売主の希望価格が相場と比較して高額であっても、購入したい人が1人でもいれば取引が成立します。

逆に、安く買いたい人がいて、売主が安い価格でも売ってくれたら、取引は成立します。不動産の場合、いくらで取引するかは当事者が自由に決めることができ、これを「**契約自由の原則**」といいます。

しかし、当事者が適正価格を知らずに取引してしまった場合、どちらかが大きな損害を受けたり、後々、トラブルに発展することもあります。

また、地価の高騰や下落を招き、実際に自ら使用することを目的とした実需でなく、転売目的の取引も増加するでしょう。

公示価格は、安くても売りたい、高くても買いたいなどの**特殊な状況がない場合の基準となる土地の価格**です。

公共用地のための算定基準にもなります

公示価格は、国や地方公共団体が公共事業（道路、上下水道整備等）で**土地を所有者から買い取るとき、土地収容で補償するときの算定基準**にもなります。

地価公示法は、国が一般の土地取引の「指標」（目安）となる価格を公示することによって、**適正な地価を形成することを目的**とした法律です。

この指標となる土地の価格を公示価格といい、土地取引を行う者は、公示価格を指標とするよう努めなければならないとされています。

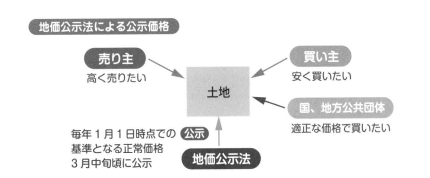

地価公示法による公示価格

売り主
高く売りたい

買い主
安く買いたい

土地

国、地方公共団体
適正な価格で買いたい

毎年1月1日時点での **公示**
基準となる正常価格
3月中旬頃に公示 **地価公示法**

❖POINT❖ 公示価格の役割
❶ 一般の土地取引における**売買価格の指標**とする
❷ 土地収用に対する補償金、**公共用地の取得価格の算定基準**とする

■ 公示価格が決定し公示されるまでの流れ

❶ 土地鑑定委員会での「標準地」の選定基準

　地価公示法に基づいて３万数千地点の標準地を選定する**土地鑑定委員会**は、鑑定評価や審査を行う国土交通省の機関です。
　標準地は、近隣の土地を評価するための指標となる土地です。近隣の土地の価格を決めるための**代表的な土地**であり、標準地の設定区域で環境や利用状況などが同じ土地でなければなりません。したがって不整形地などは対象外となります。

❷ 標準地の鑑定評価・審査

　土地鑑定委員会より選ばれた不動産鑑定士などの**鑑定評価員**（１地点で２名以上）が標準地の鑑定評価を行い、**鑑定結果を土地鑑定委員会が審査**します。

❸ 正常価格の判定・公示

　土地鑑定委員会による審査の結果、毎年１月１日時点での１㎡あたりの**正常価格として「公示価格」が判定され官報に公示**されます。
　正常価格とは、債務整理や相続による売り急ぎなどの特別な事情がなく、通常に成立すると考えられる適正な価格です。

公示価格が決まるまでの流れ

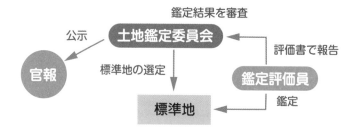

✦POINT✦　公示価格の特徴

❶ **地域的な相場感**を把握するのに適している

❷ 建物の存在や利用状況、売却理由など**特別な事情は反映されていない**

　公示価格は、国土交通省の「**標準地・基準地検索システム**」で閲覧することができます。

標準地・基準地検索システム

https://www.land.mlit.go.jp/landPrice/AriaServlet?MOD=2&TYP=0

4-02 不動産の４つの価格②「固定資産税評価額」

正子さんは、最近、マイホームを購入されたんですよね。ご自宅の固定資産税の評価額って、ご存知ですか？

え～と、固定資産税の税額は確か15万円程でしたが……すみません。

大丈夫ですよ。皆さん実際に納める税金には関心あるんですが、その評価額を知らない人が結構多いんです。

■ 固定資産税評価額は、税額の算定基準

　毎年１月１日の時点で土地や建物を所有している人には、**市町村から固定資産税が課税**され、**納税通知書**が送られてきます。特別区である東京23区では東京都からの課税となります。

　固定資産税評価額とは、固定資産税を算定する上での基準となる価格であり、３年ごとに見直されます（これを「**評価替え**」といいます）。

　また、固定資産税評価額は、不動産を購入する際に必要となる**登録免許税や不動産取得税の算定基準**ともなります。

　固定資産税評価額は、総務大臣の定めた**固定資産評価基準**により、不動産の所在地となる**市町村**が、家屋（建物）、土地それぞれの評価方法を用いて**固定資産課税台帳に登録される価格を決定**しています。

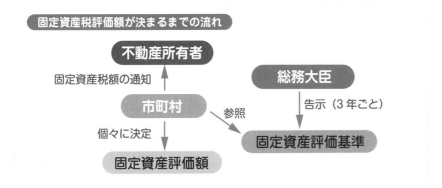

■ 家屋は「再建築価格」が評価の基準

家屋の固定資産税評価額は、評価の時点で同じ場所に同じ家屋を新築した場合の価格（**再建築価格**）を基準に計算されます。

再建築価格は、「評点式評価法」により、屋根、外壁、天井など部分ごとに定められた評点を合計し**「再建築評点数」**として求めます。

さらに、再建築評点数に経過年数などによる**「減点補正率」**を乗じ、対象となる家屋の「評点数」を決定します。

最後に、評点数に物価水準などによる補正を行った「評点１点当たりの価額」を乗じて、家屋の評価額を決定するという流れになります。

> ❶評点数＝再建築評点数×減点補正率（経過年数、損耗の状況などによる補正）
> ❷評点１点当たりの価額＝１円×物価水準、設計管理費などによる補正率
> 評価額〔家屋〕＝❶評点数×❷評点１点当たりの価額

■ 土地は「路線価」が評価の基準

土地の固定資産税評価額は、路線価（ろせんか）をもとに、**宅地の状況（奥行き、間口、形状など）により補正**（増額・減額）を行い決定されます。

路線価には、税目により次の２つがあります。

- 固定資産税評価額の基準となる「固定資産税路線価」
- 相続税や贈与税の算定基準となる「相続税路線価」

固定資産税路線価は、**市町村が決定し**、固定資産税、都市計画税、不動産取得税、登録免許税を算出する際に使います。

　相続税路線価は、**国税局長が決定し**、相続税や贈与税の算出に使います。

　宅地の固定資産税評価額は、**公示価格の約70%**と低い評価となるため、不動産取引などを目的とする査定には不向きといえます。

　ちなみに、**相続税路線価は公示価格の約80%**と言われています（4-03で解説します）。

❖POINT❖　固定資産税評価額の目安

固定資産税評価額 = 公示価格 ×70%

公示価格	100%
相続税路線価	80%
固定資産税路線価	70%

❖POINT❖　固定資産税評価額の特徴

❶ 登録免許税、不動産取得税の算定基準。不動産取引の諸費用計算には必須
❷ 公示価格の約70%と評価が低く、不動産査定の根拠としては不向き

固定資産税評価額は、毎年5月頃に届く「納税通知書」や市区町村で取得できる「評価証明書」（または公課証明書）で確認することができます。

わかりました！　早速、自宅の固定資産税評価額をチェックしてみます！

不動産の４つの価格③ 「路線価」

4-03

　路線価には、固定資産税評価額の算定基準である「**固定資産税路線価**」と、**相続税や贈与税の算定基準**である「**相続税路線価**」があります。

　不動産業者や金融機関は、これから説明する相続税路線価（以下「路線価」という）を**物件の評価**に主に用います。

■ 相続税路線価は公示価格の約80％

　路線価は、国税庁が発表する道路（路線）に面する宅地１㎡あたりの評価額で、**公示価格の約80％**に相当します。

　路線価は、毎年１月１日時点の価格を、国税庁のサイト「**財産評価基準書路線価図・評価倍率表**」（http://www.rosenka.nta.go.jp/）で確認できます。

❖**POINT**❖　相続税路線価の目安

相続税路線価 ＝ 公示価格 ×80％

　具体例でみてみましょう。

<具体例>

場所：東京都千代田飯田橋〇丁目〇番〇号

路線価：1560C　土地：100㎡

　路線価は、**１㎡あたりの価格が千円単位で示されます**ので、この場合、1560Cと書かれているので、156万円／㎡となります。

　また、価格の後に記載されているアルファベットは、**所有権を100％とした場合の借地権割合**を示しています。

　借地権割合は、A（90％）B（80％）C（70％）D（60％）E（50％）F（40％）G（30％）と地域ごとに異なります。この場合、「1560C」と記載されCに該当するので借地権割合は70％の土地となります。

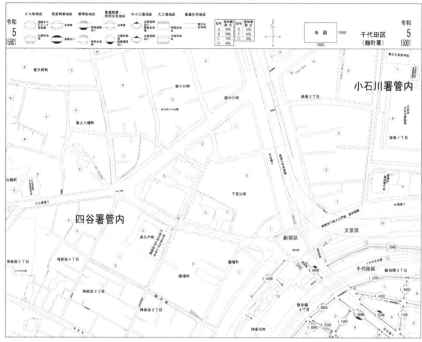

国税庁「財産評価基準書 路線価図・評価倍率表」

http://www.rosenka.nta.go.jp/

　借地権割合とは、所有権を100％とした場合の借地権の「権利としての価値」を表しており、相続税や贈与税を計算するときの算定基準として利用します。土地を所有していなくても、**土地を借りて利用できる権利**として一定の価値を認めているわけです。

　身近な例だと、**賃貸で部屋を借りている場合の賃借権も相続の対象財産**です。

　ちなみに、借地権割合も30％から90％と幅があります。土地を所有している場合と同様、都市部の駅周辺や繁華街は借地権としての価値も高く、郊外の比較的、地価が高くない地域では、借地権割合も小さく設定されています。

　具体例の路線価をもとに計算した土地の価格は次のようになります。

> ❶所有権の場合：156万円／㎡×100㎡＝1億5,600万円
> ❷借地権の場合：156万円／㎡×100㎡×70％＝1億920万円

■ 補正率でより正確に土地の価値を判断する

路線価さえ分かれば簡単に計算できますね！　あれっ？でも、同じ道に面した土地でも形は色々ありますよね。全部同じ評価でいいんですか？

歩実さん、いいところに気が付きましたね！　路線価は計算しやすい反面、そのままでは、土地の形状などが正しく評価に反映されません。

　歩実さんの指摘通り、単に路線価に土地の面積を乗じるだけでは、同じ道路に面する土地は、面積が同じであればすべて同じ評価になってしまいます。

　例えば、間口が広く使いやすい整形地も、間口が狭く奥行きが長い土地も、旗竿地のような使いづらい不整形地もすべて同じ評価になるのは、正しく価値を評価しているとはいえません。

　そこで、必要となるのが、これから説明する「補正率」です。

奥行き、間口、形状など土地の状態を反映させる補正率には、
・ 奥行価格補正率
・ 奥行長大補正率
・ 間口狭小補正率
・ 不整形地補正率
などがあり、
最適な補正率を選択し併用すれば、相続税の評価を下げることができるのです。

やっぱりそうですよね。利用しづらい土地なのに、他の土地と同じ相続税じゃ納得いきませんよね（笑）

4日目　私の家はいくらで売れる？　４つの価格と３つの評価法

✥POINT✥ 4つの補正率

❶ **奥行価格補正率** ⇒ 奥行きの距離に応じた補正率。土地の一面が道路に面している場合に適用します。

❷ **奥行長大補正率** ⇒ 間口に対し奥行が特に長い土地の評価を減額する補正率。奥行が間口の2倍以上の土地が補正の対象となります。

❸ **間口狭小補正率** ⇒ 間口が特に狭い土地が対象で、有効性、利便性に劣る分を減額する補正率です。

❹ **不整形地補正率** ⇒ 整形地に対し、利用価値の低い形の整っていない土地評価を減額するための補正率です。

補正率は併用して使うことが多い

補正率のなかでも、奥行きの距離に応じた補正を行う**奥行価格補正率以外の補正率**は、特に面積の小さい土地でない限り、必然的に併用する場合が多くなります。

例えば、間口が特に狭ければ、奥行き距離が長くなるため、**間口狭小補正率**と**奥行長大補正率**を適用します。

また、旗竿地の場合、**間口狭小補正率**と**奥行長大補正率**を併用したり、**不整形地補正率**と**間口狭小補正率**を併用したりします。

対象となる土地の内容により、どの補正率を選択するのか、あるいは、どの補正率を組み合せるのかの判断が、適正な評価を行う上でのポイントです。

なお、各補正率は**国税庁の「補正率表」**（次ページ）で確認できます。

＜具体例＞

路線価：200 C、土地：300㎡、奥行き距離：30 m、普通住宅地区

20万円／㎡×300㎡× 0.95 **（奥行価格補正率）** ＝5,700万円

✥POINT✥ 路線価のポイント

❶ 相続税、贈与税の算定基準で、公示価格の約80％に相当する

❷ 土地の間口、奥行き、形状などで補正率を用いて評価に反映する

146

奥行価格補正率表

奥行距離（メートル）	ビル街地区	高度商業地区	繁華街地区	普通商業・併用住宅地区	普通住宅地区	中小工場地区	大工場地区
4未満	0.80	0.90	0.90	0.90	0.90	0.85	0.85
4以上6未満		0.92	0.92	0.92	0.92	0.90	0.90
6 〃 8 〃	0.84	0.94	0.95	0.95	0.95	0.93	0.93
8 〃 10 〃	0.88	0.96	0.97	0.97	0.97	0.95	0.95
10 〃 12 〃	0.90	0.98	0.99	0.99		0.96	0.96
12 〃 14 〃	0.91	0.99				0.97	0.97
14 〃 16 〃	0.92	1.00			1.00	0.98	0.98
16 〃 20 〃	0.93		1.00	1.00		0.99	0.99
20 〃 24 〃	0.94					1.00	1.00
24 〃 28 〃	0.95				0.97		
28 〃 32 〃	0.96	1.00	0.98		0.95		
32 〃 36 〃	0.97		0.96	0.97	0.93		
36 〃 40 〃	0.98		0.94	0.95	0.92		
40 〃 44 〃	0.99		0.92	0.93	0.91		

国税庁　法令解釈通達　奥行価格補正率表より
https://www.nta.go.jp/law/tsutatsu/kihon/sisan/hyoka_new/02/07.htm

不動産の４つの価格④「実勢価格」

■ 実勢価格とは実際に市場で取引される時価

　実勢価格とは、実際に不動産を売りに出した時に、市場で「いくらで売れるか」という**時価**のことです。

　例えば、土地を 3,000 万円で売りに出したが、買い手が付きにくく、売値を下げて、結局 2,500 万円で売ることができました。この 2,500 万円が実勢価格です。

　つまり、売主と買主が市場の適正価格を理解した上で、目的となる不動産の状態、引き渡し時期など**すべて合意のもと取引する価格**です。

　また、一般の土地取引の指標とされる公示価格との関係で考えた場合、**実勢価格は公示価格の約 1.1 倍**に相当するとされています。

　この評価は、あくまでも目安ですが、固定資産税評価額（公示価格の約 70％に相当）や相続税路線価（公示価格の約 80％に相当）を調べることにより、**実勢価格の目安を計算**することができるわけです。

❖ΡＯＩＮＴ❖　不動産の評価額の目安
① 実勢価格（目安）＝ 公示価格 × 1.1
② 実勢価格（目安）＝ 固定資産税評価額 ÷ 70％ × 1.1
③ 実勢価格（目安）＝ 相続税路線価 ÷ 80％ × 1.1

実勢価格は公示価格の約1.1倍

実勢価格	110%
公示価格	100%
相続税路線価	80%
固定資産税路線価	70%

実勢価格は、土地取引の指標となる公示価格、税額計算の基準となる固定資産税評価額や路線価と異なり、実際の市場で通用する適正価格であることが前提です。そのためのキーポイントとなるのが「補正」の考え方です。

■ 実勢価格と補正の考え方

実勢価格は、

- **不動産の個別要素**（土地の形状、道路付け、利用状況、建物の状態など）
- **売主の個別事情**（売却理由、販売期間、残債務の有無など）

をすべて考慮し判断することが必要です。

「補正」とは、**不動産の個別要素や売主の個別事情を評価に反映し、案件ごとの市場での適正価格を見極めるための修正**のことです。

実務的には、これから勉強する不動産評価法で求めた評価額に、一定の補正率を乗じて市場で通用する実勢価格を決定しますが、補正率には「このようなケースは何パーセント」といった具体的な規定がありません。

個別要素や個別事情は案件ごとに異なり、統一した数字で規定できるほど単純ではないからです。

しかし、補正の考え方をしっかりと学ぶことによって、案件に応じた補正率を調整しながら的を得た評価決定ができるようになることは間違いありません。

私の場合、案件の個別要素や個別事情を慎重に精査し、補正率を**マイナス30％からプラス20％**の間で調整して、最終的な価格決定をしています。

補正か～確かにこれが一番重要ですよね。同じような不動産でも最終的な成約価格に大きく差がつく部分ですよね。

4日目

私の家はいくらで売れる？
4つの価格と3つの評価法

149

ポイントは、

❶ 個別要素や個別事情を考慮する前の価格

❷ 補正後の価格

を2段階で考えることです。

価格に影響する個別要素や個別事情の内容が補正による増減額と比較し妥当であるかを判断することが大切です！

■「個別要素」による補正の考え方

個別要素とは、**土地の形状、道路付け、建物の利用状況**（居宅、店舗、収益マンションなど）、**建物の状態**（大規模修繕履歴、雨漏り、白蟻、木部腐食の有無など）などをいい、特に注目すべき内容が建物の利用状況と建物の状態です。

建物の利用状況は、評価の時点での用途が買手にとって最適用途でない限り、マイナス評価となることがほとんどです。

例えば、店舗用地を希望する買手にとっては、現況が住宅であれば、高額な改築費用や建物の解体費用が必要になり、評価額から減額することになります。

これを「**建付減価**」といいます。
（たてつけげんか）

修繕の有無は補正の対象

次に**建物の状態**です。これが個別要素としては最も重要なポイントです。

仮に同じ建築後20年の建物であっても、計画的に修繕を実施してきた建物と新築後一度も修繕を行っていない建物とでは、建物としての価値はまったく異なります。

計画的に修繕を実施してきた建物と比較し、新築後20年間一度も修繕していない建物の場合、屋根、外壁、住宅設備類など、将来的に必要となる修繕費用が購入希望価格に必然的に反映されます。

また、建物の状態が悪く、雨漏り、白蟻、木部の腐食などの修繕に急を要する不具合箇所が存在していれば、必要となる**修繕費用を評価時点で減額**しておくことが妥当です。

■「個別事情」による補正の考え方

正子先輩の契約相手は、買替え先が決まってるから
早く売りたいって、安くしてくれたみたいです。

本当ですね。売主さんの売却理由や販売期間、あと、
住宅ローンの残債とかは、すごく価格に影響するん
です。

売主が不動産を売却する上での**個別事情による補正**は、

❶ **売却理由** ⇒ 「なぜ」売るのか
❷ **販売期間** ⇒ 「いつまでに」売ることが必要か
❸ **残債務** ⇒ 「いくら」返済したらよいのか

の3つの視点で考えることが大切です。

個別事情は、1つだけとは限らず、複数の事情が密接に関わり合っている
ケースが少なくありません。

＜具体例＞

❶ 自己破産を目的とした任意売却による処分
残債務の返済を目的に、限られた期間内で売却を完了することが必要です。特に
競売手続きが並行して進められている場合は、期間的な制約が厳しくなります。

❷ 相続税の支払いを目的とした売却
相続税の納付期限（相続があったことを知った日の翌日から10カ月以内）まで
に、すべての相続人が納得できる価格で売却することが必要です。

❸ 離婚による財産分与による処分
期間的な制約はもちろんですが、最大限に成約価格を優先することが必要です。

❹ 買い替えを目的とした売却
価格、残債務、販売期間をすべて考慮した上で、購入計画を立てることが必要で
す。

すべてのケースに共通する点として「**期間的な制約**」が挙げられます。
特に販売期間を優先すべき内容が、

❶ 自己破産を目的とした任意売却による処分
❷ 相続税の支払いを目的とした処分

です。
　このようなケースは、「どれだけ時間がかかっても構わないからできるだけ好条件で売却したい」といった案件と比較すると、一定期間内に確実に売却を完了させることを目的に厳しい補正率を設定し、確実に成約できる価格を調整することが必要になります。
　大切なことは、常に優先すべき内容を見極め、適切な補正を行い、市場で通用する適正価格を決定することです。

■ 不動産を見る目と地域全体を捉える感覚

実勢価格を考えるときに、他には何に気をつければ良いですか？

「地域的感覚」でしょうね。例えば、庶民的な3000万円台のマイホームの需要が集中する地域に、1億円を超える豪邸があったらどうですか？

地域に不釣り合いな感じがしますね！

　どの地域にも、**その地域に相応しい価格帯**というものがあり、生活する人たちの年齢層や所得層も異なります。その地域に相応しい不動産が集まり、1つの街が作られているのです。
　「**不動産を見る目**」と「**地域全体を捉える感覚**」、この2つが実勢価格を考える上で必要とされる能力です。

Column 債務超過と任意売却

不動産を売却する理由は、買い替え、賃貸への住み替えなど、色々あります。住宅ローンなどの債務が残っていて、不動産に抵当権など担保権が設定されている場合、不動産を売却した代金から残債務を全額弁済し、金融機関など債権者に担保権を抹消してもらうのが大前提です。

しかし、なかには住宅ローンなどの返済が滞り、不動産を処分しなければならないようなケースもあります。売主の経済的事情による処分でも、不動産の売却代金から残債務を全額弁済できる見通しが立てば、比較的、売却手続きもスムーズに進められます。しかし、不動産を処分しても債務の全額弁済には届かないというケースも少なくありません。このような、**債務額が不動産の評価額を上回っている状態を「債務超過」といいます。**

債権者は、借主の返済が滞ると、不動産に設定している担保権を実行し「競売」により不動産を処分しようとします。しかし、競売の場合、競落価格は市場価格の7割程度と低く、債務超過の状態に陥っている案件では、債権の全額回収はほぼ不可能です。そこで、選択肢として上がってくるのが「任意売却」です。

任意売却とは、残債務の一部弁済を条件に、債権者に担保権の抹消に同意してもらう処分方法です。「不動産を処分しても債務を全額弁済できないけれど、これだけ弁済するので担保権の抹消に応じてください。競売よりは高く売れますから。」と債権者にお願いし、法的処分ではなく**売主の意思（任意）により売却**するわけです。

任意売却では、債権者の同意と協力が大前提となるため、弁済額、弁済期限など売却上の制約が厳しくなります。また、競売申し立てと同時進行になることも多く、通常3カ月程度では売却を完了し、債権者と約束した金額を弁済しなければなりません。債権者が1名ではなく複数の場合は、債権者間の弁済額の配分提案など、更に条件が複雑化し厳しくなります。

このような**債務超過による任意売却**の場合、債権者への弁済額、期間的制限、売却理由に対する買手の心象など、評価額に影響すると思われるすべての個別事情を考慮した補正率の適用、実勢価格の算定が要求されます。

なお、任意売却後も債務がすべてなくなるわけではないので、残債務に対する債権者との返済計画の相談、自己破産の申し立てなど、売主の立場での作業は暫く続くことになります。

任意売却を「最後の処分」とするか「新たな生活への節目」と捉えるかは、売主次第です。

4-05 不動産の３つの評価法①
「原価法」

■ 売却してお金に替えたらいくらになるか？

 歩実さん、不動産の評価はどのような時に必要になるか分かりますか？

う〜ん、今どれくらいの価値があるのか…、あっ！売る時ですか？

 その通りです！　私たちが不動産を評価する主な目的は、売る時、買う時に適切な価格かどうか、つまり、市場における実勢価格はいくらかを判断する時です。

　不動産、特に土地には２つとして同じものはないため、合理的で適正な評価が難しく、一般消費者の土地取引の指標（目安）となる公示価格の標準地などは、不動産鑑定士などの専門家が評価を行っています。
　一方で、私たちが**不動産の評価を行う主な目的**は、所有物件を売却するならいくらで売れるか、購入予定の物件が高すぎたりしないかといった**市場での適正価格を判断すること**にあります。
　不動産の売買以外にも遺産分割や財産分与といったケースもありますが、評価の目的は**「売却してお金に替えたらいくらになるのか」を知る**ことにあり、考え方の前提は同じです。
　では、これから紹介する「**３つの評価法**」を用いて「市場で通用する実勢価格」の見極め方を一緒に考えてみましょう。

■「種類」に応じた３つの評価法

不動産の価格を算出するための評価方法には次の３つがあり、物件の種類ごとに適切な評価法を用います。また併用して評価することもあります。

❶ 原価法　　　　　　主に一戸建（建物）の評価に使用
❷ 取引事例比較法　　主に土地、マンションの評価に使用
❸ 収益還元法　　　　主に収益物件の評価に使用

《評価法の併用例》

❶ 一戸建の建物を原価法、土地を取引事例比較法で評価した上で、屋根、外壁、住宅設備など過去の修繕履歴をプラス要因と考え補正率を決定する。

❷ 収益物件を収益還元法で評価し、土地の形状、道路付け、建物の維持管理状態が良いため、原価法、取引事例比較法を併用し最適な還元利回りを決定する。

友人が両親と長年生活してきた一軒家を売りたいそうです。売値をどうやって決めたらいいか、悩んでいます。

一戸建を売るときは、主に原価法という方法で評価するんです。今、同じ家を建てたときの値段から、古くなって劣化し価値が低くなった分を引くとおおよそ求められますね。

■ 原価法の決め手は再調達原価と減価修正

　主に一戸建の建物評価で使用される「**原価法**」は、**評価時点で建物を新築した場合の価格（再調達原価）**を計算します。

　さらに、**古くなって劣化し価値が低くなった分や設備類の機能低下分を価格から差し引いて減価修正する**ことで建物の評価額を算出する方法です。

　減価修正には、**耐用年数を用いる方法**と、不動産の実態を調査して減価を求める**観察減価法**を併用します。

固定資産税評価額（4-02）の家屋の評価法と考え方は同じです。

このように原価法を用いて算出した価格を「**積算価格**」といいます。

原価法で建物の再調達原価を計算する場合、国税庁の「**建物の標準的な建築価格**」を用います。

「**建物の標準的な建築価格**」は、構造、建築年別に、全国平均の工事費予定額を1㎡あたり建築価格として示したもので、国税庁のサイトで確認できます。

国税庁「建物の標準的な建築価格表」より

建築年 ＼ 構造	木造・木骨モルタル	鉄骨・鉄筋コンクリート	鉄筋・コンクリート	鉄骨
平成22年	156.5	226.4	205.9	163.0

次に建物の経年劣化や設備類の機能低下分の減価修正に用いるのが、木造、鉄骨造、鉄筋コンクリート造など建物の構造ごとの「**法定耐用年数**」です。

「**法定耐用年数**」は、減価償却費の算定基準として財務省令で定められた建物の使用可能年数で、国税庁の「耐用年数表」で確認することができます。

主な建物の耐用年数

構　造	事業用（賃貸）	自己居住用
木造、合成樹脂造	22 年	33 年
鉄骨造（骨格材肉厚 3mm 超）	27 年	40 年
鉄骨造（骨格材肉厚 4mm 超）	34 年	51 年
れんが造、石造、ブロック造	38 年	57 年
鉄筋コンクリート造	47 年	70 年

自己居住用の耐用年数は、事業用×1.5（所得税法施行令第85条）として計算します。

建物評価額は、建物の標準的な建築価格と法定耐用年数を用い、次の計算式で求めることができます。

❖POINT❖ 建物評価額の求め方

建物評価額 ＝ 建築単価（円／㎡）× 建築面積 ×（1 － 経過年数 ／ 耐用年数）

　土地に関しては、同条件のものが存在せず、新たに造成し減価修正を行う**原価法では正確な価格を算出することが難しい**ため、

❶ **路線価による方法**
❷ **実際の取引事例に基づき評価単価を計算する方法**

を用いるのが一般的です。
　まずは**路線価**を用いて計算し、その上で周辺の取引事例や売却中の情報を集め、比較検討する方法が理想的です。

❖POINT❖ 土地評価額の求め方

土地評価額 ＝ 実勢価格（時価）による単価（円／㎡）× 土地面積

※路線価は実勢価格（時価）の80％として計算します

　　　具体例を用意したので、正子さんも物件評価してみ
　　　ましょう。

＜具体例＞

建物　⇒　用途：自己居住用、構造：木造、建築：建築後8年、面積：100㎡、
　　　　　耐用年数：33年、建築単価：15万6,500円／㎡
土地　⇒　面積：140㎡、路線価：18万円／㎡

　　　　　　　　　先ほどの式に当てはめて、こういう感じで出せます
　　　　　　　　　ね。

建物評価額❶ ＝ 15万6,500円／㎡ × 100㎡ × （1-8／33）

＝ 1,185万6,060円

土地評価額❷ ＝ 18万円／㎡ ÷ 80% × 140㎡

＝ 3,150円

査定地評価額 ＝ 1,185万6,060円 ＋ 3,150万円

（❶＋❷） ＝ 4,335万6,060円

■ 原価法の注意点

　原価法の場合、**建物は法定耐用年数に基づき経年劣化**し、最後には価値がなくなるという考え方であるため、過去の修繕履歴など個々の不動産の個別要素は考慮されず、**建築時期と構造が同じであれば、同じ価値**という結果になります。

　原価法は、建築単価、法定耐用年数など計算根拠が明確であるため、**金融機関の担保評価など目的によっては有効な評価法**ですが、**市場で通用する実勢価格を決定する上では、他の評価法と併用し、有効な補正を行う**ことが大切です。

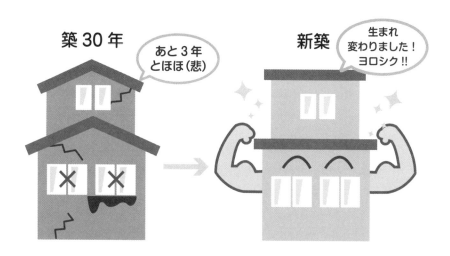

不動産の３つの評価法②「取引事例比較法」

　２つ目の評価方法の「**取引事例比較法**」は、査定をする**物件の周辺の実際の取引事例をもとに評価し価格を算出**する方法で、主に**土地やマンションの査定**に用いられます。

　具体的には、査定地と場所や条件の近い成約事例をたくさん集めて、そこから成約事例を選択します。

　その上で形状、道路付け、主要採光面の方位など査定地の個別要素と売主の売却理由など個別事情を考慮した補正を行い査定地の単価を算出します。

■取引事例比較法の決め手は事例地の選択です

　取引事例比較法は、**成約事例地の選択が最大のポイント**です。

　実際の取引事例に基づく評価法であるため、成約事例地の選択が適切であれば、実勢価格として**より正確な評価が可能**です。

　一方で、比較検討する事例地として相応しくない情報を選択してしまうと、高過ぎ、安過ぎといった的外れな評価になってしまう危険性もあります。

　取引事例比較法だけに頼ることなく、**他の査定法とも併用**しながら、評価時点で売り出し中の物件情報の収集など積極的に行うようにしましょう。

　また、査定地近隣の標準地を確認し、公示価格（4-01）と比較検証してみるのも有効な手段です。

取引事例比較法では事例地選びが大切なんですね！
成約事例地はどうやって探したらいいのですか？

正子さんのような不動産業者の人ならレインズという会員専用の不動産情報サイトを利用することが多いですね。あと、国土交通省の不動産取引価格情報も活用してみましょう！

4日目

私の家はいくらで売れる？
４つの価格と３つの評価法

❖POINT❖　レインズとは

レインズ（REINS）とは、Real Estate Information Network System（不動産流通標準情報システム）の頭文字を並べた名称で、国土交通大臣から指定を受けた不動産流通機構の**会員のみが利用できる最大の不動産情報のネットワークシステム**です。

指定流通機構の会員の不動産会社が、売買や賃貸などの案件情報、成約事例、不動産流通機構の会員情報などが閲覧できます。

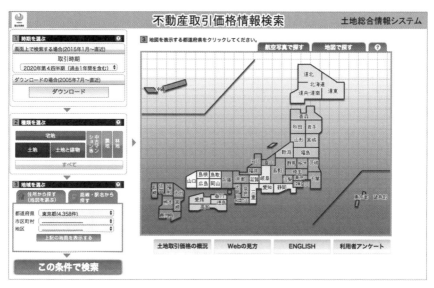

国土交通省「土地総合情報システム　不動産取引価格情報」
https://www.land.milt.go.jp/webland/servlet/MainServlet

❖POINT❖　査定地評価額の求め方

査定地評価額 ＝ 事例地の単価（円／㎡）× 面積（㎡）× 補正率（％）

補正率は成約までの期間を想定して①販売開始時、②価格変更時の２段階で設定するのがポイントです。価格変更のタイミングも販売開始後の動向を見ながら慎重に決めましょう！

＜具体例＞

（事例地）Ａマンション、建築後10年、専有面積80㎡、間取り3LDK、所在階10階部分、東南角部屋　※1年前に成約

（査定地）Ａマンション、建築後10年、専有面積80㎡、間取り3LDK、所在階5階部分、相続のため売り急ぎ

⇒ 所在階、部屋の位置、成約までの期間、1年前の成約事例であることを考慮し、販売開始時の補正率は95％に設定。

⇒ 販売開始から2カ月の時点で買手が現れない場合は、補正率90％で販売価格を見直し予定。

事例地成約価格：3,600万円、**成約単価**：450,000円／㎡の場合
査定地評価額
ⓐ 販売開始時

　450,000円／㎡×80㎡×補正率95％＝3,420万円
ⓑ 2カ月後の見直し価格

　450,000円／㎡×80㎡×補正率90％＝3,240万円

■ 取引事例比較法の注意点

　取引事例比較法では、査定地と条件の類似する**事例地が極端に少なかったり**、事例地とするには、**成約時期が古過ぎたり**といったケースがあります。

　また、成約事例からは**販売開始から成約までに要した正確な時間や売主の売却理由など個別事情がデータからは読み取れない**という問題もあります。

　取引事例、販売中の物件情報などを収集する上で、査定地周辺の不動産業者に地域的な需要の有無、価格の妥当性などを積極的にヒアリングするなど慎重な対応が必要とされます。

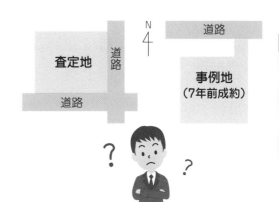

不動産の３つの評価法③ 「収益還元法」

■ 収益還元法の決め手は還元利回り設定

収益還元法は、賃貸マンション、貸しビルなど事業用不動産から得られる家賃収入によって、**将来的に生み出すことが予測される純利益をもとに、現在の不動産価値を決定する評価法**です。

収益マンション、収益ビルなどの評価に用い、「どれだけの利益をもたらすか」という不動産の収益性を表す指標を**「還元利回り」**で**キャップレート**（CapRate）といいます。

❖POINT❖ 収益還元法

査定地評価額 ＝ １年間の純利益 ÷ 還元利回り（％）× 補正率（％）
※１年間の純利益＝１年間の総収入－１年間の諸経費（管理費など）

＜具体例❶＞

家賃月額12万円、管理費など月額２万円、還元利回り８％、補正率100％
{(12万円×12ヶ月) － (２万円×12ヶ月)} ÷８％×100％
＝1,500万円

＜具体例❷＞

家賃月額12万円、管理費など月額２万円、還元利回り10％、補正率100％
{(12万円×12ヶ月) － (２万円×12ヶ月)} ÷10％×100％
＝1,200万円

具体例からもわかるように、評価額は**還元利回りの設定で大きく異なります**。

賃料から得られる１年間の純利益が同額の場合、期待する収益性を高く設定すると、必然的に不動産に対する投資額（評価額）を低く抑えることが必要です。

還元利回りを設定する上で、特に注意すべき点をまとめてみました。

∴POINT∴　還元利回りを設定するときの注意点

❶ 家賃変動率と空室リスク

中長期的にみた場合、評価時点での賃料設定が継続できる保証はありません。
建物の経年劣化や競合物件の増加に伴う家賃の低下や空室リスクも視野に入れておく必要があります。

❷ 修繕計画

将来的な外壁、屋根、給排水設備などの大規模修繕、入居者の入退去に伴う室内リフォームの必要性を過去の修繕履歴を参考に予測します。

❸ 管理費、修繕積立金の改定予定（区分所有建物の場合）

マンションの長期修繕計画をもとに、管理組合から修繕積立金累計額や金融機関からの借り入れの有無を確認し、将来的な改定予定を予測します。

投資家のお客様から利回り10％以上の物件を探して欲しいと言われることが多いです。やっぱり、将来的な空室リスクや修繕計画を考えてのことなんですね。

投資家が将来的なリスクを考え、より高利回りの物件を希望するという点は理解できますが、正子さんの立場としては還元利回りだけでなく、他の評価法も併用して、不動産としての真の価値を説明してあげることが大切です。

■収益還元法と他の評価法も併用しよう

　収益還元法は、**「収益性」のみ重視**する査定法です。収益物件の査定法として収益性を1番に考えることは重要ですが、収益は将来的に保証されたものではありません。

　収益還元法を用いる上でも、原価法による建物評価や取引事例比較法による土地評価を並行して、**最適な還元利回りと市場で通用する適正価格を導き出す**ように努めましょう。収益性だけにとらわれず、不動産と真剣に向き合う姿勢が大切なのです。

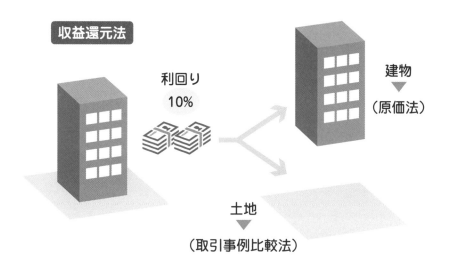

収益還元法

利回り
10%

建物
▼
（原価法）

土地
▼
（取引事例比較法）

資金計画に
チャレンジしよう!

　5日目は、金利の種類、返済方法など住宅ローンの基礎知識から、繰り上げ返済、収入合算など一歩踏み込んだ専門知識まで、資金計画の「ツボ」を実例を用いて詳しく解説します。

　また、不動産取引で必要になる諸費用や購入予算の立て方など、不動産の売却や購入を真剣に考える人に必ず役立つノウハウを盛り込みました。

　この章を読み終えたあなたは、「資金計画のプロ」になれる。

正子さん
不動産会社に勤務するキャリアウーマン。1年前に住宅ローンを利用して夢のマイホームを手に入れた。

歩実さん
正子さんの大学時代の後輩。IT関連企業に勤務。正子さんの影響で、不動産の購入を検討し始めた。

住宅ローンの種類

正子さんは、マイホームを購入されたそうですね。
住宅ローンは何を基準に選ばれましたか？

私はフラット35Sにしました！　いろいろ迷いまし
たが、全期間固定金利と金利優遇が最終決定のポイ
ントです！

■ 住宅ローンの種類

私たちにとって人生最大の買い物が**マイホーム**です。

不動産を購入するには、たくさんのお金が必要になりますね。諸費用を含む購入資金のすべてを現金で用意できる人は限られ、金融機関から住宅ローンでお金を借り購入する人がほとんどです。

住宅ローンは、自己居住用のマイホーム購入を目的とした融資で、マイカーローンや学資ローン、事業者向けのビジネスローンと比較し、**長期間、低金利で利用でき、購入する不動産によっては金利優遇が受けられる**のも大きな特徴です。

住宅ローンは、大きく3種類に分けられます。

---

❶住宅金融支援機構のフラット35
❷都市銀行や地方銀行などの民間融資
❸財形住宅融資など公的融資

それぞれ、金利や返済方法、返済期間、審査の基準などに特徴があり、利用者の属性や購入する不動産の種類によって最適な融資を選択することができます。

166

■「フラット35」全期間固定型住宅ローン

フラット35は、住宅を購入したり新築する方向けの住宅ローンです。**住宅金融支援機構と民間金融機関が提携して融資**を行います。

　住宅金融支援機構は、旧住宅金融公庫の業務を引き継いだ独立行政法人です。フラット35に対して、公的融資のようなイメージを持つ人が多いようですが、実際に貸し付けを行うのは、私たちが日常的に利用している民間の金融機関です。

　フラット35には、住宅ローン債権を住宅金融支援機構が買い取り、証券化し運用する「**買取型**」と、各金融機関の住宅ローンを住宅金融支援機構が保証する「**保証型**」があります。

　住宅金融支援機構が買い取ったり保証する点で、民間の金融機関が窓口として融資手続きのみを行っていた住宅金融公庫とは大きく異なります。

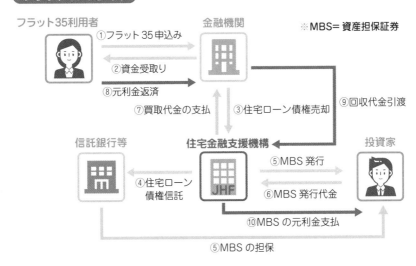

フラット35のしくみ

省エネ・耐震性を備える住宅はフラット35Sでより有利に

　次のような住宅金融支援機構が設ける**技術基準を満たす住宅**の場合には、借入金利を一定期間引き下げられる「**フラット35S**」を利用できます。

- 省エネルギー性（一次エネルギー消費量等級、断熱等性能等級など）
- 耐震性（耐震等級、免震建築物など）
- バリアフリー性（高齢者等配慮対策等級）
- 耐久性・可変性（長期優良住宅、劣化対策等級、維持管理対策等級など）

フラット50、フラット20、フラット35リノベ

　長期に渡って安心、快適に住み続けることができる住宅として、国が定める「**長期優良住宅認定制度**」の認定を受けた住宅（**長期優良住宅**）を購入する場合は、借入期間が**最長50年**まで可能となる**フラット50**が利用できます。

　また、**借り入れ期間が15年から20年**の場合は、金利を下げられる**フラット20**があります。

　中古住宅を購入しリフォームする場合に、金利を一定期間下げられる**フラット35リノベ**もあります。

❖POINT❖　フラット35の特徴

❶ **内容**：全期間固定金利型住宅ローン

❷ **借主の条件**：申し込み年齢70歳未満、完済時年齢80歳未満

❸ **借入期間**：最長35年（借入期間15年以上20年以下⇒フラット20）

❹ **返済比率**：年収400万円未満30%以下、400万円以上35%以下

❺ **住宅の条件**：一定の技術基準を満たす住宅。「適合証明書」が必要。

❻ **融資額**：100万円以上8,000万円以下、住宅購入費の100%以内

❼ **返済方法**：元利均等返済、元金均等返済から選択

❽ **特徴**：保証人不要、保証料無料、繰り上げ返済手数料無料、団体信用生命保険は任意加入、金融機関により金利、ローン事務手数料などが異なる

　フラット35の場合、融資を受ける金融機関によって、**金利、ローン事務手数料など融資条件や諸費用などが異なる**ため、利用者としては、フラット35を利用する金融機関選びが非常に重要な意味を持ちます。

フラット35の金利

	借入期間	金利の範囲	最頻金利
フラット20	15年〜20年	1.320%〜2.880%	1.320%
フラット35	21年〜35年	1.800%〜3.360%	1.800%

2023年9月現在

■ 民間融資は属性＆担保の特徴で使い分ける

　民間の銀行、信用金庫、信用組合、住宅ローン専門会社などが取り扱う**住宅ローン**は、年収、勤続年数など利用者の属性や不動産の担保評価、借入期間、借入額など案件の特徴に応じて、より有利な商品を選択することが可能です。

金融機関はたくさんありすぎて何を基準に選んだらいいのか分かりません。結局、街でよく見かける銀行が無難かなって思っちゃいます。

民間の金融機関にはそれぞれ特徴があり、得意とする案件が異なります。金融機関ごとの特徴を理解しておくと、案件に応じた相談ができますよ。

❶都市銀行（三菱UFJ銀行、三井住友銀行など）

　個人の属性、不動産の担保評価がバランスよく**平均点以上なら審査も速く**、お薦めです。個人の属性によっては担保評価を上回る融資も可能です。

　【特徴】属性◎　担保○　金利◎　審査スピード◎

❷地方銀行（横浜銀行、関西みらい銀行など）

　地元企業の従業員や地元案件の場合は都市銀行を上回る融資額が可能となるケースもある。都市銀行と比較し**金利が高く、審査に少し時間がかかります**。

　【特徴】属性◎　担保○　金利○　審査スピード△

❸信託銀行（三菱UFJ信託銀行、三井住友信託銀行など）

　通常の銀行業務以外に人の財産を預かり運用する信託業務を行う銀行です。地主など**富裕層の資産運用案件が得意**。属性や担保を重視し金利が安いのが特徴です。

　【特徴】属性◎　担保◎　金利◎　審査スピード○

❹信用金庫（京都中央信用金庫、大阪信用金庫など）

銀行が営利法人であるのに対し、**会員の出資による非営利法人で会員や利用の利益が最優先**されます。中小企業の経営者、自営業者の融資に柔軟に対応しています。

【特徴】**属性○　担保○　金利○　審査スピード○**

❺信用組合（近畿産業信用組合、協栄信用組合など）

信用金庫同様、組合員の出資による非営利法人です。原則、組合員を対象とした融資となりますが、他の金融機関で取り扱いが困難な案件でも柔軟に対応します。

【特徴】**属性○　担保○　金利○　審査スピード○**

❻ノンバンク（三井住友トラスト・ローン＆ファイナンスなど）

融資業務のみを行う企業で他の金融機関と比較し金利が高めです。最も重視するのは担保であるため、個人の属性面に不安があっても担保次第で柔軟に対応しています。

【特徴】**属性△　担保◎　金利△　審査スピード○**

❼ネットバンク（住信SBIネット銀行、楽天銀行など）

支店や店舗を持たないインターネット上の銀行で**金利の安さ**が１番の特徴です。ネット上での手続きとなり、担当者との相談が必要な複雑な案件には不向きです。

【特徴】**属性○　担保○　金利◎　審査スピード△**

■ 公的融資なら財形住宅融資に注目

公的融資とは、公的機関を通じ**国や自治体から借りる融資**です。かつては、住宅金融公庫と年金住宅融資が２大公的融資として、住宅ローンのなかでも大きなシェアを占めていました。しかし、現在はいずれも廃止されています。

住宅金融公庫の業務を引き継いだのが、前述のとおり現在の**住宅金融支援機構**です。

現在の公的融資には、以下のようなものがあります。

---

❶ 財形住宅融資 ⇒ 財形貯蓄を行っている勤労者を対象
❷ 自治体融資 ⇒ 都道府県や市町村が住民や勤務先がある人を対象に直接融資
❸ 住宅金融支援機構の直接融資 ⇒ 被災者や高齢者向け（災害復興住宅融資など）

財形住宅融資

　公的融資のなかでも、特に内容を理解しておきたいのが**財形住宅融資**です。

　財形住宅融資は、事業主を通じ**財形貯蓄を行っている勤労者を対象**に財形貯蓄残高に応じた住宅資金（購入、新築、リフォームなど）の貸付を行う制度です。

　年齢、返済比率など融資条件はもちろん、次のような**申込者の要件**を満たすことが必要となります。

---

❶ 財形貯蓄を1年以上続けている
❷ 申込日前2年以内に財形貯蓄の預入れを行っている
❸ 申込日における貯蓄残高50万円以上である

　また、5年ごとに適用金利を見直す**5年間固定金利型**である点が、フラット35や民間融資と比較し特徴的です。

　勤務先を通じて財形貯蓄を続けている人だけが利用できる融資なんですね。フラット35や民間融資と比べると狭き門といった印象です。

　申込条件を満たせば手堅い融資ですよ。毎月の給与天引きによる財形貯蓄がベースですから、働きながら着実に購入資金を蓄えることが可能です。

5-02 住宅ローンの基本〔初級〕

 正子さんはフラット35だから金利は固定ですね。変動金利や固定期間選択型だともう少し金利が安くなるのを知っていましたか？

もちろんです。私は将来、金利が上がるかもしれない不安から全期間固定金利型にしました。でも変動金利や固定期間選択型のこともっと勉強してから決めれば良かったと思います。

　住宅ローンの種類の次は、融資を受けるときに不可欠な基礎知識を学びましょう。

　金利の種類や返済方法など、それぞれのメリット、デメリットを学べば自分のライフプランに合った最適な組み合せが判断できます。

　住宅ローンの金利の種類には次のようなものがあります。

---

❶ **変動金利型**（返済期間中に市中金利に連動して金利が変動する）
❷ **固定金利型**（返済期間中は金利は一定）
❸ **固定期間選択型**（一定期間は固定金利、その後は変動金利に切り替わる）

■ 変動金利型は「5年ルール」「125%ルール」がポイント

　変動金利とは、返済期間中に市中金利に連動して金利が変動するタイプです。

　住宅ローンの変動金利は6カ月ごとに見直しされますが、**元利均等返済**（175ページ参照）**の場合、月々の返済額は5年間は一定**です。

　毎月の返済額のなかで元金と利息の割合が調整され、5年間の金利の変動

分は次の5年間の返済額に反映されます。これを「**5年ルール**」といいます。

確かに5年間返済額が変わらなければ、毎月の返済計画は立てやすくなりますが、金利上昇が続くと5年ごとに返済額が大きくなり、経済的に不安定となる心配があります。

しかし、実際には5年間でどれだけ金利が上昇しても、5年ごとの返済額の見直しでは、**見直し前の返済額の1.25倍まで**で抑えられます。これを「**125％ルール**」といいます。

5年ルールと125％ルールがあれば、変動金利型でも全然不安じゃないですね。返済額が同じなら月々の計画も立て易いと思います。

そうですね！　ただし、返済期間終了時に未払い元金や利息を持ち越した場合、最終返済時に未払い分を返済することになるので注意が必要です。

最近では、変動金利の5年ルールと125％ルールを利用できない金融機関もあるため、必ず事前相談の時点で確認しておきましょう。

- -

❖POINT❖　変動金利のメリット・デメリット

メリット　⇒　**金利が低い**。固定金利型に変更可能。

デメリット　⇒　**金利上昇リスク**がある。5年ごとに返済額が変化する。

- -

■固定金利型のメリットは安定性

市中金利に連動する変動金利と異なり、契約時の適用金利が返済期間中は一定なのが**固定金利**です。

返済額に変動がないため返済終了までの**返済計画が立てやすい**のが1番のポイントです。一方で安定性が高い分、**変動金利と比較すると金利が高く設定されている**のが通常です。

また、固定金利型にもフラット35のように**全期間固定型**のものと、3年、

5年、7年、10年と一定期間、金利が固定される**固定期間選択型**がありま
す。

　固定期間選択型では、固定期間が終了すると、一旦その時点の変動金利に
変更されますが、**改めて固定期間選択型を選び直すことが可能**です。

　通常は、固定期間が長いほど金利が高く設定されていますが、金融機関ご
とに、3年固定タイプ、5年固定タイプなど、その時期に最も力を入れてい
る商品があり、変動金利よりも低く設定されている場合があります。

　したがって、変動金利も含め、契約時の適用金利、また、固定期間終了時
の適用金利を比較して選択できる点が大きなポイントです。

❖POINT❖　固定金利のメリット・デメリット

メリット　⇒　市中金利が上昇しても返済額が変わらず**安定性が高い**。

　　　　　　　固定期間選択型なら変動金利も含め**有利な適用金利を選択可能**。

デメリット⇒　固定期間に応じ金利が高くなる。特に全期間固定型は**金利が高い**。

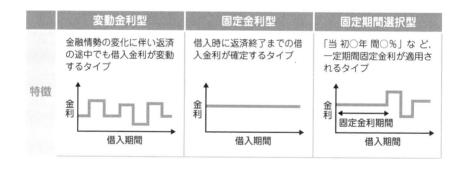

変動金利型	固定金利型	固定期間選択型
金融情勢の変化に伴い返済の途中でも借入金利が変動するタイプ	借入時に返済終了までの借入金利が確定するタイプ	「当初○年間○％」など、一定期間固定金利が適用されるタイプ

特徴

なるほど、金利の選択にも色々あるのですね。他に
ローンで大切なことはありますか。

返済方法ですね。❶**元利均等返済**　❷**元金均等返済**の
2種類があります。それぞれの特徴を理解し、金利と
の組合せで自分に合ったプランを作りましょう。

■元利均等返済のメリットは安定性

　元利均等返済は、毎月の**返済額を一定**にし、**元金と利息の割合が月々の返済額**のなかで調整され変動していくタイプです。

　返済当初は、返済額に対する利息の割合が大きく、元金がなかなか減りません。しかし、**返済期間が進むにつれ元金が減少**し、返済額に占める元金の割合が増えていきます。

　返済額が一定であるため返済計画が立てやすく、金利選択との組み合わせで、より安定性の高い返済計画を実現することが可能です。

　一方、返済当初から一定期間は利息の割合が大きく、返済終了時の総支払額は、元金均等返済よりも大きくなるのが特徴です。

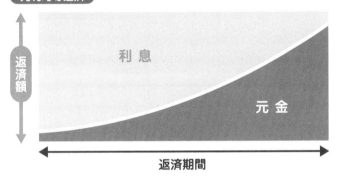

元利均等返済

返済額

利　息

元　金

返済期間

- -
❖POINT❖　元利均等返済のメリット・デメリット

メリット　⇒　返済額が一定で返済計画が立てやすい。金利との組合せで**安定性の高い返済計画**が可能。

デメリット　⇒　元金均等返済と比較し、**返済終了時の総支払額は大きくなる。**
- -

■ 元金均等返済のメリットは総支払額

元金均等返済は、返済額に占める**元金の割合が一定の返済方法**です。

返済当初は毎月の返済額が大きくなりますが、返済期間が進むにつれ、**着実に元金が減っていく**のが大きな特徴です。

所得が安定し、日々の生活に余裕がある人にはお勧めです。将来的な買い替えなどを視野に**着実にローン残高を減らしておきたいなら元金均等返済**は最適です。

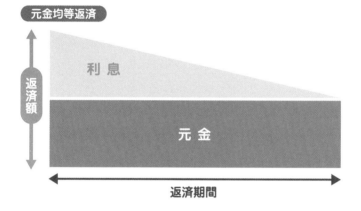

元金均等返済

返済額 / 利息 / 元金 / 返済期間

❖POINT❖ 元金均等返済のメリット・デメリット

メリット	⇒	元利均等返済と比較し返済終了時の**総支払額が小さい**。
		返済期間に応じ**着実に元金を減らす**ことが可能。
デメリット	⇒	返済当初は**毎月の返済額が大きくなる**。
		月々の生活に余裕がなければ**リスクが大きい**。

なるほど！ 生活に余裕があれば、元金均等返済の方が絶対お得ですよね！

通常は元利均等返済が推奨されていて、元金均等返済を利用できない金融機関もあるので確認が必要です。ちなみにフラット35や財形住宅融資は元利均等返済と元金均等返済を選択できますよ！

＜具体例＞

借入額：3,000万円　返済期間：30年　金利：1.5％（全期間固定）

（a）元利均等返済

	元金	利息	毎月返済額
①	66,036円	37,500円	103,536円
②	76,621円	26,915円	103,536円
③	89,012円	14,524円	103,536円
④	103,215円	129円	103,344円

（a）総支払額　37,272,960円

支払利息　7,272,960円

（b）元金均等返済

	元金	利息	毎月返済額
①	83,333円	37,499円	120,832円
②	83,333円	25,104円	108,437円
③	83,333円	12,604円	95,937円
④	83,453円	104円	83,557円

（b）総支払額　36,768,420円

支払利息　6,768,420円

（a）－（b）504,540円

5-03 住宅ローンの基本〔中級〕

 少しずつ住宅ローンのことが分かってきました！
正子さんに税金面でもお得な制度があるって聞いたんですけど？

住宅ローンを利用する人は、13年間にわたって所得
税から一定額を控除できる制度があるんです！

　金利の種類や返済方法など住宅ローンに関する基礎知識が理解できたところで、一歩踏み込んだ専門知識を紹介します。

　住宅ローン利用者の必須知識「**住宅ローン控除**」と返済期間中の「**繰り上げ返済**」、注文建築で活用する「**つなぎ融資**」「**分割融資**」を分かりやすく解説します。

■ 住宅購入者の必須知識「住宅ローン控除」

　住宅ローン控除とは、個人が住宅ローンを利用して新築または中古住宅を購入した場合に、居住を開始した年から**13年間（既存住宅10年間）、所得税額から一定額の控除を受けることができる**減税措置です。

　控除額は、住宅ローンの年末残高の**0.7%**で、控除しきれなかった分は翌年の住民税から**最大9万7,500円**を控除できます。

　また、住宅ローン控除は、住宅性能によって控除額に大きな差があり、環境に配慮した省エネ・高性能住宅に関しては、借入限度額の上乗せ措置などが講じられています。

> 控除額 ＝ 住宅ローンの年末残高 × 0.7%

住宅ローン控除一覧表（居住年：2022年・2023年）

（控除率）0.7%		控除期間	借入限度額	最大控除額
(a)	長期優良住宅・低炭素住宅	13年	5,000万円	455万円
	ZEH水準省エネ住宅	13年	4,500万円	409.5万円
	省エネ基準適合住宅	13年	4,000万円	364万円
	一般住宅	13年	3,000万円	273万円
(b)	長期優良住宅・低炭素住宅 ZEH水準・省エネ基準	10年	3,000万円	210万円
	一般住宅	10年	2,000万円	140万円

（a）新築住宅・消費税課税住宅　（b）既存住宅

住宅ローン控除一覧表（居住年：2024年・2025年）

（控除率）0.7%		控除期間	借入限度額	最大控除額
(a)	長期優良住宅・低炭素住宅	13年	4,500万円	409.5万円
	ZEH水準省エネ住宅	13年	3,500万円	318.5万円
	省エネ基準適合住宅	13年	3,000万円	273万円
	一般住宅	10年	2,000万円※	140万円※
(b)	長期優良住宅・低炭素住宅 ZEH水準・省エネ基準	10年	3,000万円	210万円
	一般住宅	10年	2,000万円	140万円

（a）新築住宅・消費税課税住宅　（b）既存住宅　　　　　※ 2023年までに新築の建築確認申請が必要

住宅ローン控除の適用には確定申告が必要ですが、
お勤めの方は初年度に確定申告し、翌年からは年末
調整で手続きが可能です！

❖POINT❖　住宅ローン控除の適用要件

① 自己居住用で住宅ローンの返済期間が**10年以上**であること
② 取得後**6カ月以内**に居住を開始すること
③ 控除適用年の合計所得金額
　（a）1,000万円以下（床面積40㎡以上50㎡未満）※新築住宅
　（b）2,000万円以下（床面積50㎡以上）※新築住宅＆既存住宅
④ 床面積の**1/2以上が居住用部分**であること
⑤ 耐震基準に適合する住宅であること

■ 繰り上げ返済は期間短縮に注意が必要

私はまだ購入したばかりですが、収入が増えたら繰り上げ返済も検討したいと考えています。何か注意すべき点があれば教えてください。

正子さんは住宅ローン控除を利用されていますよね。繰り上げ返済で返済期間を短縮する場合、10年を切ることがないよう注意すべきですね！

繰り上げ返済とは、手元資金で住宅ローンの元金の一部または全部を、返済予定よりも早く返済することです。

住宅ローンの一部返済には、**返済期間を短くする「期間短縮型」**と返済期間を変えずに月々の返済額を減らす**「返済額軽減型」**がありますが、繰り上げ返済を効果的に活用するために注意すべき点をまとめてみました。

❖POINT❖　繰り上げ返済の注意点

❶ **期間短縮型**は返済期間が**10年を切る**と住宅ローン控除が利用できなくなる

❷ **返済額軽減型**は取り扱いできない金融機関もあるため事前確認が必要である

❸ **繰り上げ返済手数料**が必要になるケースがある。都市銀行、ネット銀行などインターネット経由で手続きする場合はほとんど無料だが、窓口対応のみの金融機関では、5,000円から3万円程度の手数料が必要になる

❹ **繰り上げ返済の下限額**が決められている。1万円からできる場合もあれば、フラット35のように100万円以上というケースもある（窓口受付の場合）。なお、フラット35もインターネットサービス「住・MyNote」を利用することで10万円から繰り上げ返済が可能。

繰り上げ返済は住宅ローン控除との関係が重要

繰り上げ返済は住宅ローン控除との関係が重要です。

住宅ローンの控除額は年末残高の0.7％となるため、**0.7％以下の適用金利**で住宅ローンを利用している場合、控除期間である13年間（既存住宅10年間）は利息よりも控除額の方が大きいという計算になります。

したがって、**住宅ローン控除の期間中は繰り上げ返済をしない方が有利**という考え方もできます。

また、住宅ローンの全部を繰り上げ返済する場合、契約時に一括前払いで負担している**住宅ローン保証料**に関しては、保証会社所定の計算により一部払い戻しされるケースがあるため、事前に金融機関に確認しましょう。

■ 注文住宅の強い味方「つなぎ融資」と「分割融資」とは？

マイホームを考え始めた時から注文建築に憧れてます。最初に土地を購入してから建物を新築する場合の住宅ローンはどう組むのがよいのですか？

注文建築に利用できる融資には、つなぎ融資と分割融資があります。それぞれメリット、デメリットがあるのでしっかり理解しておきましょう！

住宅ローンの対象は「**居住用**」の不動産ですから、融資が実行された時に建物が存在していることが大前提となります。

しかし、不動産業者などが建築して販売する「**建売住宅**」と違って、土地を購入してから建築士や設計士と相談しながら好みの家を建てる「**注文建築**」の場合、土地の購入資金や建物の着手金から融資を利用したいのに、建物はまだ建っていません。

こうしたときに利用できる融資が「**つなぎ融資**」と「**分割融資**」です。

■「つなぎ融資」は一時利用の無担保ローン

つなぎ融資は、土地の購入資金、建物の着手金、中間金など建物完成前に必要となる資金に対し**一時的に利用できる融資**です。

建物竣工後に実行する住宅ローンとは別の融資で、**土地に対する抵当権の設定も必要ないため**、利用しやすいのがメリットです。**一方、金利が高く、融資事務手数料も高額**となるデメリットもあります。

つなぎ融資の返済に関しては、毎月利息のみを支払い、住宅ローン実行時に元金を一括で返済します。

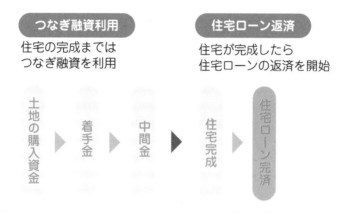

❖POINT❖　つなぎ融資のポイント

❶ 土地の**抵当権設定が必要ない**

❷ **金利が高い。**通常、金利優遇がなく2％～4％程度

❸ **融資事務手数料が高い。**通常10万円程度

■「分割融資」は登録免許税の軽減措置適用外

分割融資は、同じ住宅**ローンを数回に分けて実行する形態の融資**です。

通常、土地購入時と建物竣工時の2回に分けて融資を実行する金融機関が多いのですが、建物の着手金支払い時、中間金支払い時も併せ4回の実行が可能な金融機関もあります。

つなぎ融資と異なり、土地に対する**抵当権の設定を必要としますが、建物**が存在しない状態での設定となるため、**登録免許税の居住用財産の軽減措置の適用を受けることができません。**

また、2回から4回と分割して融資が実行されますが、融資事務手数料は実行ごとに必要になります。

　適用金利に関しても、当初の適用金利を継続するケースと、実行ごとに見直すケースがあるため、必ず事前に確認しておきましょう。

❖POINT❖　分割融資のポイント

❶ 土地の**抵当権設定が必要**。登録免許税の軽減措置が適用外となる

❷ **融資事務手数料**が融資実行ごとに必要となる

❸ 土地購入時から住宅ローンの返済が開始されるため、賃貸住宅に居住中の場合、**家賃と返済の重複期間が生じる**

5-04 住宅ローンの基本〔上級〕

■ 夫婦共働き世帯に最適「収入合算」

年収が少ないと住宅ローンの審査ではマイナスですよね?

そんな時は収入合算という方法がありますよ。夫婦での収入合算や、歩実さんのように独身の人なら親子での収入合算も可能です!

　金融機関は住宅ローンの融資額を決定する上で、申込者本人の年収、勤続年数など属性面を審査し「住宅ローン終了まで滞りなく返済していける人か」を判断します。

　審査時に、**申込者の所得だけでは借入希望額に届かない場合**がありますが、そのような時に利用されるのが「**収入合算**」です。

　収入合算は**夫婦か親子で利用**できますが、**同居することが条件**となります。収入合算の方法には次の3種類があります。

❶ 連帯保証
❷ 連帯債務
❸ ペアローン

■「連帯保証」型

　収入合算のなかで最も一般的な方法が、**収入合算者が契約者の連帯保証人になる**ケースです。

　例えば、夫が契約者で妻が連帯保証人となり収入合算するようなケースで

す。連帯保証の関係ですから、主債務者である夫が住宅ローンの返済を滞ると、連帯保証人である妻が債務を負うことになります。

所有者はあくまで夫であり、**妻は所有権を持ちません。**

また、妻は住宅ローン控除も利用できず、団体信用生命保険にも加入できません。

連帯保証型の特徴

	夫	妻
(a) 所有権	○	×
(b) 住宅ローン控除	○	×
(c) 団体信用生命保険	○	×

■「連帯債務」型

主債務者である契約者と連帯債務者となる収入合算者が、1つの住宅ローンに対してそれぞれが連帯債務者となるのが「**連帯債務型**」です。

連帯保証型と異なるところは、**主債務者である夫とともに、連帯債務者である妻も所有権を取得する**点です。自己資金の割合などに応じて、**夫と妻とが持分を登記します。**

また、**住宅ローン控除に関しても、夫も妻も利用することができます。**

連帯債務の注意すべき点は、団体信用説明保険の加入です。このケースでは、主債務者である夫は団体信用生命保険に加入できますが、妻は加入できません。

連帯債務型の特徴

	夫	妻
(a) 所有権	○	○
(b) 住宅ローン控除	○	○
(c) 団体信用生命保険	○	×

■「ペアローン」型

　ペアローンは、**1つの不動産に契約者が2名となる収入合算の方式**です。

　例えば、夫が2,000万円、妻が1,000万円の住宅ローンを組み、**夫が妻の連帯保証人に、妻が夫の連帯保証人になる**ケースです。

　この場合、不動産は1つでも住宅ローンは別々になるため、夫と妻がそれぞれの持分で所有権を取得します。

　また、住宅ローン控除も夫と妻が利用でき、団体信用生命保険も2人とも加入できます。

ペアローンの特徴

	夫	妻
（a）所有権	○	○
（b）住宅ローン控除	○	○
（c）団体信用生命保険	○	○

■ 共有名義のメリット＆デメリット

　収入合算のなかでも「**連帯債務**」と「**ペアローン**」に関しては、**共有名義**になるため、購入時の状況だけでなく、将来を見据えた適切な判断が必要になります。

　共有名義にする上でのメリットとデメリットを整理してみましょう。

メリット1 「住宅ローン控除」を共有者2人が利用できる

　住宅ローンを利用し共有名義にする場合の1番のメリットは**住宅ローン控除**です。共有者それぞれが利用できるため夫婦共働き世帯にはピッタリです。

　例えば、借入総額4,500万円を夫（所得税20万円）が単独で購入する場合と、妻（所得税10万円）との共有名義にする場合を比較してみましょう。

（a）夫（所得税20万円、借入額4,500万円）単独の場合

　　　夫〔年末ローン残高〕4,500万円×〔控除率〕0.7％＝31.5万円

　　　※所得税額が上限 ⇒ 控除額20万円

（b）夫（所得税20万円、借入額3,000万円）と

妻（所得税10万円、借入額1,500万円）共有の場合

夫〔年末ローン残高〕3,000万円×〔控除率〕0.7％＝21万円

※所得税額が上限 ⇒ 控除額20万円

妻〔年末ローン残高〕1,500万円×〔控除率〕0.7％＝10.5万円

※所得税額が上限 ⇒ 控除額10万円

〔世帯合計〕夫20万円＋妻10万円＝控除額30万円

メリット2 「3,000万円特別控除」を共有者2人が利用できる

　不動産を売却して**譲渡益が生じた場合**は、所有期間に応じた税率で所得税が課税されますが、売却した不動産が**居住用財産である場合**は、所有期間に関係なく譲渡益から**最高3,000万円を控除**することができます。（5-06 200ページ参照）

共有名義はメリットが大きいですね！お客様へのご提案に活かします！

そうですね！　特に住宅ローン控除は夫婦共働き世帯にはピッタリです！　メリットとともにデメリット面もしっかりと押さえておきましょう。

確か、お友達のご両親が離婚する時、共有名義でもめちゃったみたいです。

デメリット1 「相続」により権利関係が複雑化

　共有名義で必ず考えておきたいのが、**共有者の死亡**です。

　例えば、夫と妻の共有名義で夫が死亡した場合、子供がいれば妻と子供で夫の持分を相続することになりますが、子供がいない夫婦の場合、夫の義両親や義兄弟姉妹が相続権を取得することになります。

（a）**夫が死亡、妻と子供が相続する場合（法定相続）**
　　　夫の持分　⇒　妻（1/2）子供（1/2）で分け合う

（b）**夫が死亡、子供なし、妻と義両親が相続する場合（法定相続）**
　　　夫の持分　⇒　妻（2/3）義両親（1/3）で分け合う

（c）**夫が死亡、子供なし、義両親死亡、妻と義兄弟姉妹が相続する場合（法定相続）**
　　　夫の持分　⇒　妻（3/4）義兄弟姉妹（1/4）で分け合う

デメリット2 「離婚」による財産分与が複雑化

　共有者の死亡以外に**共有名義で問題となるケースが離婚**です。

　住宅ローンを利用している金融機関との関係で考えた場合、離婚するからといって、連帯保証や連帯債務の関係を簡単に解消することはできません。

　しかし、離婚後も住宅ローンが終了するまで、共有関係を継続することは決して望ましいことではありません。

　共有関係を解消する方法は

> ❶ 共有者の持分を買い取る
> ❷ 不動産を売却し財産分与する

のいずれかとなります。

　夫または妻に資金的余裕があれば❶**持分買取の方法**も可能ですが、住宅ローンの返済中で資金的余裕がなければ❷**売却の方向**で進めることになります。

　売却の場合、共有者全員の協力・同意が大前提となりますが、離婚による利害関係が深刻化することにより、売却完了までに時間がかかる可能性があります。

Column　個人信用情報

不動産購入を決意したら、必ず理解しておくべき内容が「**個人信用情報**」です。

個人信用情報とは、銀行、クレジット会社、消費者金融などが「**信用情報登録機**
関」に登録することが義務付けられた利用者の信用情報で、利用者の借入情報や
クレジットカードの契約内容、過去の事故履歴などが登録されており、金融機関
はオンライン上で登録された情報を確認することができます。

信用情報登録機関には、銀行系、信販会社系、消費者金融系の3つの信用情報会
社があり、金融機関が新規申込みを受ける時に、他の金融機関からの借入情報や
過去の事故履歴など、申込者の信用情報を確認することにより、多重債務や過剰
貸し付けによる事故防止に役立てています。

信用情報登録機関

❶ **全国銀行個人信用情報センター（KSC）** ⇒ 銀行系

❷ **株式会社シーアイシー（CIC）** ⇒ 信販会社系

❸ **株式会社日本信用情報機構（JICC）** ⇒ 消費者金融系

住宅ローンと個人信用情報

❶ **複数の金融機関に申込みをしない** ⇒ 金融機関は住宅ローンの申込みを受ける
と、信用情報登録機関に個人信用情報の照会をかけます。実際の借り入れをして
いなくても照会記録が残るため、金融機関の心象は悪くなります。

❷ **キャッシング枠は既存借り入れ扱い** ⇒ クレジットカードのキャッシング枠は実
際に利用していなくても、既存借り入れとみなされます。また、複数のカードに
よる借り入れは、多重債務者とみなされる危険性も。不要なカードは事前に整理
することをお勧めします。

❸ **携帯電話の分割払いはクレジット契約** ⇒ 携帯電話があまりに身近な存在とな
り過ぎたため、分割払いに対する抵抗感がない人が多い。携帯電話の分割払いは
クレジット契約に該当します。

❹ **自己破産、個人再生、延滞などの事故記録** ⇒ 事故情報の登録期間内は、原則、
審査は否決されます。信用情報登録機関毎に定められた登録期間を確認した上で、
黙って時を待つしか手段はありません。

5-05 資金計画の基本を学ぼう

 不動産購入では、資金計画をしっかり立てるところから始まります。購入予算を決め、自己資金と住宅ローンをどのような割合で利用するか考えてみましょう！

私もそうでしたが、不動産に対する夢と希望ばかりが膨らんで、具体的な資金計画が後回しになりました。まずは諸費用も考えた全体像ですね！

■ 資金計画の全体像を把握する

住宅ローンに関する基礎知識が理解できたところで、いよいよ**資金計画の考え方**を解説しましょう。

住宅ローンを利用せず現金で購入する場合は、不動産の価格に諸費用を加えた総額を用意することで希望のマイホームを手に入れることができます。

一方、自己資金で足りない部分を住宅ローンで賄う場合、自己資金の何倍、何十倍もの借入れとなり、月々の返済や利息も馬鹿になりません。

まずは、次の項目を書き出してみてください。

---

❶ 購入したい不動産の価格 ⇒ 最初は漠然とした希望で大丈夫！
❷ 諸費用（税金や手数料）⇒ 概算（5％〜8％）で計算しよう！
❸ 用意できる自己資金 ⇒ 背伸びは禁物！引越代も忘れずに！
❹ 毎月返済できる金額 ⇒ 余裕ある返済額を！

資金計画は、このように全体像をイメージすることから始まります。

本来は、「**余裕をもって返済していける金額はいくらか**」という考え方で購入予算を考えるのが理想です。

しかし、希望に近い不動産に出会うと「いくらまでなら住宅ローンが組めるか」という視点で「背伸びした資金計画」を立てがちです。

　注文建築などでは、喜びのあまりオプション工事をどんどん追加し、気付いたら当初の予算とかけ離れた金額になんてことも少なくありません。

　住宅ローンを利用しての不動産購入は「ゴール」ではなく、長い長い道のりの「スタートライン」であることを常に念頭に**余裕ある資金計画**を考えていきましょう。

　例えば、3,000万円の不動産を購入する場合の諸費用が200万円、自己資金が500万円であれば、住宅ローンの利用額は2,700万円となります。

〔不動産価格〕　〔諸費用〕　　〔必要総額〕　　〔自己資金〕〔住宅ローン利用額〕

3,000万円＋200万円 ＝ 3,200万円－500万円 ＝ 2,700万円

■ 諸費用はおよそ５〜８％で見積ってみよう

　不動産購入には必ず、税金や手数料などの諸費用が必要になります。諸費用の内容は 5-07、5-08（201 ページ）で詳しく説明しますが、概算でおおよそ**物件価格の５〜８％程度**は必要です。

　まだ具体的に購入する不動産が決まっていない段階では、概算諸費用で購入予算を立てることが多いのですが、諸費用に影響するポイントを押さえておくだけでも、実際に必要となる金額に近い数値が試算できるようになります。

（例）　**売買価格3,000万円 ⇒ 概算諸費用150万円から240万円**

- -

❖POINT❖
❶ 自己資金が多いほど諸費用は安い（抵当権設定登記、住宅ローン保証料）
❷ 一戸建よりも**マンションの方が諸費用が安い**（登録免許税、固定資産税）
❸ 居住用財産軽減措置の適用があれば諸費用が安い（登録免許税、不動産取得税）
❹ 新築マンションなど**仲介手数料不要の場合**は諸費用が安い

- -

■ 借入期間は申込者の年齢で決まる

　住宅ローンの**借入期間は申込者の年齢で決まります**。例えばフラット 35 の場合、以下の通りとなります。

❖POINT❖ フラット35の借入期間

15年以上、かつ次のいずれか短い年数（1年単位）が上限となる

（a）**80歳－申込時の年齢（1年未満切上げ）**

　※年収の50％を超える収入合算者がいる場合、年齢の高い人が基準

　※親子リレーの場合、収入合算の有無に関係なく後継者の年齢が基準

（b）**35年**

　例）申込時の年齢34歳7カ月の場合

　　80歳－（申込時の年齢）35歳 ＝ 45年 ＞ **35年　借入可能**

80歳まで住宅ローンの返済が続くなんて現実的じゃないですよね（笑）

私がマイホームを購入した頃は、年齢だけでなく不動産の建築年数も、上限が決められ長期間の住宅ローンを組むのがが難しかったです。最近は古い物件でも長期ローンが可能になりましたね。

■「月々返済額」から購入予算を考える

歩実さんは、今の賃貸マンションのお家賃はいくら払っていますか？

毎月10万円です。決して贅沢はできませんが、今のお給料なら無理なく支払っていけると思います！

なるほど！ では、現在のお家賃から購入予算を考えてみましょう！

　マイホームの購入予算を考える場合、賃貸物件で生活している人は、**毎月の家賃の支払額をベースに購入予算を立てる方法が現実的**です。

　生活に少し余裕があるのか、急な出費があるとオーバーしてしまうのか、実生活に置き換えて考えてみましょう。

（例）月々の返済希望額10万円、返済期間35年、適用金利1.5％の場合
元利均等返済100万円あたりの月々返済額3,062円となります。
（100万円あたりの月々返済額は金融機関の「返済早見表」を参照）

　　10万円 ÷ 3,062円 × 100万円 ≒ 3,265万円　　（融資利用額）

返済早見表

	20年	25年	30年	35年
1.00%	4,599円	3,769円	3,216円	2,823円
1.50%	4,825円	3,999円	3,451円	**3,062円**
2.00%	5,059円	4,239円	3,696円	3,313円
2.50%	5,299円	4,486円	3,951円	3,575円
3.00%	5,546円	4,742円	4,216円	3,849円
3.50%	5,800円	5,006円	4,490円	4,133円
4.00%	6,060円	5,278円	4,774円	4,428円

※ 元利均等返済、毎月払いの場合（100万円あたり返済額で記載しています）

　この場合、月々返済額10万円で35年間、金利1.5％で住宅ローンを利用した場合、**3,265万円まで融資利用が可能**という計算になります。

　仮に、自己資金が500万円、諸費用が250万円とすると、購入可能な物件価格は3,515万円になります。

　　3,265万円 ＋ 500万円 － 250万円 ≒ 3,515万円　　（不動産価格）

なるほど！　現在のお家賃から購入予算を立てると
分かりやすいですね！

歩実さん、安心するのはまだ早いですよ。歩実さん
の考える購入予算が金融機関の立場からも妥当であ
るかを考えてみましょう！

■「借入可能額」から購入予算を考えよう

　金融機関は、「**申込時の税込年収から、いくらまで貸せるか**」（年収制限）という視点から「**融資上限額**」を判断します。

　融資上限額は金融機関により異なりますが、一般的には税込年収の7倍から8倍で定めている場合が多いようです。

　次に、**税込年収に占める住宅ローンの年間返済額の割合（返済比率）**から金融機関は最終的な「**融資可能額**」を判断します。

　返済比率は金融機関により異なりますが、フラット35の場合、以下の通りとなります。

❖POINT❖　フラット35の返済比率

❶ 年収400万円未満　⇒　返済比率**30%以下**

❷ 年収400万円以上　⇒　返済比率**35%以下**

　年収の多い人ほど返済比率が高く設定されているのは、食費や光熱水費など生活費は年収による大きな違いがなく、住宅ローンの返済枠に少し余裕があるという考え方によるものです。

審査金利と借入の有無

　返済比率による融資可能額の判断では、注意すべき点が2つあります。

　1つ目が、**融資可能額を計算する上では適用金利ではなく「審査金利」が用いられる**という点です。

　審査金利とは、金融機関が将来的な金利上昇リスクや経済事情の悪化などを視野に入れ審査に用いる少し高めの金利のことです。

　審査金利は金融機関によって異なりますが、およそ通常**3%から4%**で設定されています。

　2つ目が**申込者に借り入れがあるかどうか**です。

　マイカーローンやカードローンはもちろん、クレジットカードのキャッシング枠も既存借り入れとみなされます。審査結果の明暗を分ける重要なポイントです。

　では実際に、マイホーム検討中の歩実さんのケースで計算してみましょう。

＜具体例＞

年収500万円、返済期間35年、返済比率35％、審査金利3.5％、年収制限7.5倍、100万円あたりの月々返済額4,133万円

① **融資上限額**　500万円 × 7.5倍 = 3,750万円

② **融資可能額**　500万円 × 35％ ÷ 12カ月 ÷ 4,133円 × 100万円
　　　　　　　　=3,528万5,102円 ≒ 3,528万円

　歩実さんの場合、月々返済額10万円から試算した融資利用額3,265万円が、金融機関の立場から考えた融資可能額3,528万円を下回っているため、毎月の生活費を考えた余裕のある返済計画が可能であるという結論になります。

ホッとしました。理想的な返済プランが実現できそうです！

良かったですね。歩実さんは、既存借り入れはないとお聞きしてますが、仮にカードローンの毎月返済が3万円ある場合を計算してみましょう。

＜具体例＞

年収500万円、返済期間35年、返済比率35％、審査金利3.5％、100万円あたりの月々返済額4,133万円、カードローンの月々返額3万円

① **月額返済可能額**　500万円 × 35％ ÷ 12カ月 = 14万円5,833円
　　　　　　　　　　14万5,833円 － 3万円 = 11万5,833円

② **融資可能額**　　　11万5,833円 ÷ 4,133円 × 100万円
　　　　　　　　　　= 2,802万6,373円 ≒ 2,802万円

　このように、毎月返済額3万円のローンでも融資可能額には約726万円の違いが出ます。
　短期間のローンや使用していないキャッシング枠でも融資結果の明暗を分ける重要ポイントです。マイホーム購入を真剣に決心したら、既存借り入れや使用していないキャッシュカードの整理を検討しましょう。

**不動産を売るときにかかる
諸費用は？**

■売主の諸費用は物件の引き渡し条件がポイント

知り合いが田舎の土地を売りたいみたいなんです
が、費用面で注意することはありますか？

土地や一戸建は引き渡し状態がポイントです。測量
やインスペクションで諸費用は大きく変わりますか
ら注意が必要です。

　不動産の取引では、売主も買主も必ず、**印紙代、登記費用、仲介手数料な
ど**、土地や建物の代金以外に**諸費用**がかかります。

　売主が不動産を売却したときにかかる諸費用には、**印紙代、登記費用**、不
動産業者に売却依頼する場合の**仲介手数料**など**共通して必要となる費用**の
他に、土地の**測量費**や**インスペクション**（既存住宅状況調査）など、対象不
動産の**引き渡し条件によって必要となる費用**があります。

❶ 印紙代

　売買契約書の契約金額に応じた印紙代が必要です。契約書1通の契約金
額に応じて印紙が必要となります（5-07参照）。

　(例) **契約金額1,000万円超　5,000万円以下 ⇒ 印紙代10,000円**

❷ 登記費用

　登記原因証書の作成費用、表示変更登記（登記名義人の住所氏名などの変
更がある場合など）の作成費用を司法書士に支払います。

　ローンが残っていて金融機関の担保が設定されている場合は、**抵当権など**

の抹消登記にかかる費用が必要になります。

この場合、司法書士に支払う報酬以外に、登録免許税として不動産1物件につき1,000円、土地と不動産の場合2,000円が必要です。

一般の住宅の場合、司法書士の報酬と合わせて**約3万円から5万円程度**となります。

また、売主が権利証や登記識別情報を紛失している場合、司法書士による「本人確認情報」の作成費用として、別途**3万円から10万円**が必要です。

❸ 仲介手数料

売買契約が成立した場合、不動産会社に仲介手数料を、**①契約時半金＋決済時半金、②決済時全額のいずれかの方法**で支払います。

仲介手数料は宅地建物取引業法で**報酬額の上限**が定められています。

（例）契約金額3,000万円の場合
仲介手数料〔上限額〕3,000万円×3％＋6万円 ＝ 96万円（消費税別）

宅建業者報酬規程

代金額	計算式（消費税別）
200万円以下	取引価格 × 5％
200万円超〜400万円以下	取引価格 × 4％ ＋ 2万円
400万円超	取引価格 × 3％ ＋ 6万円

❹ 金融機関事務手数料

住宅ローンなどが残っている場合、一括弁済するための事務手数料が必要です。費用は金融機関により異なりますが、**1万円から3万円程度**です。

❺ 測量費

土地や一戸建の売買で、**土地家屋調査士に依頼し、境界確定のための測量**を行う場合に必要です。

法務局で地積測量図が取得でき、隣地や道路との境界が現地で確認できる状態であればよいのですが、測量図の作成時期が古く、境界も確認できない状態であれば、公簿取引（登記上の地積による取引）であっても、後日のトラブル防止のため測量は行うべきです。

費用は面積、側点数、杭の有無などによって異なりますが、一般的な個人間の立会い測量で **30万円から50万円**、道路や水路など公共用地との立会いが必要な場合で **50万円から80万円** 程度、必要になります。

❻ インスペクション（既存住宅状況調査）

建築士など専門家による住宅診断を実施する場合、**5万円から10万円程度** の費用が必要です。

インスペクションの実施自体は義務ではないため、実施しないケースや買主側が実施するケースもあります。

❖POINT❖ インスペクションとは

既存住宅状況調査技術者（国の登録を受けた既存住宅状況調査技術者講習を修了した建築士）による既存住宅の構造耐力上主要な部分（柱、床、基礎など）と雨水の侵入を防止する部分（屋根、開口部、外壁など）を対象とした診断。

平成30年4月、宅建業者による **媒介契約時、重要事項説明時、売買契約時における説明が義務化** されました。

■ 譲渡所得の盲点

売却に伴う売主の費用として、意外と盲点になるのが、**売却に伴う譲渡益が生じた場合の所得税と住民税** です。

譲渡所得にかかる税金（所得税と住民税）は、譲渡した年の1月1日時点での所有期間が5年以下（短期譲渡所得）と5年超（長期譲渡所得）により税率が大きく異なります。

❖POINT❖ 譲渡所得にかかる税金

譲渡所得にかかる税金 ＝ ❶譲渡所得金額 × ❷税率

❶ 譲渡所得金額 ＝ 譲渡価格 －（取得費 ＋ 譲渡費用）

❷ 税率

（a）**短期譲渡所得**：39％（所得税30％、住民税9％）
　　※令和19年12月31日までは復興特別所得税0.63％が加算

（b）**長期譲渡所得**：20％（所得税15％、住民税5％）
　　※令和19年12月31日までは復興特別所得税0.315％が加算

不動産を売却する時は、取得費が分からないと大変
です。購入時の契約書や領収書など金額が分かるも
のが用意できないと、想定外の負担となるケースが
あります。

「買った時より下がっているから大丈夫」と言われ
るお客様が多いのですが、契約書や領収証をお持ち
じゃなくて結局いつも大慌てです。

　譲渡所得にかかる税金は譲渡益が生じた場合のみ発生します。

　しかし、譲渡した不動産の購入時の契約書や領収証を紛失してしまい、取
得費が証明できない場合、取得費不明として「**概算取得費**」で計算すること
になります。

　概算取得費は「**譲渡価格×５％**」で計算しますが、実際にどのくらいの
負担が生じる可能性があるのか、具体例でみてみましょう。

＜具体例＞

種類：土地（更地）譲渡価格：2,000万円、譲渡費用：100万円、所有期間：
１０年（長期譲渡所得）、取得費不明（売買契約書、領収証など紛失）

〔譲渡価格〕　　〔概算取得費〕　　　〔譲渡費用〕　〔譲渡所得金額〕
2,000万円 － {（2,000万円 ×５％）＋100万円} = 1,800万円
1,800万円 × 20.315% = 3,656,700円

　仮に、**所有期間５年以下の短期譲渡所得**の場合、譲渡所得にかかる税額は
以下の通りとなります。

1,800万円 × 39.63% = 7,133,400円

うわ〜すごい税額！　取得費が分からないと本当に
大変なんですね。

不動産を売却する時は、適用できる特別控除がない
かも確認しましょう。

　譲渡所得の特別控除の１つに「**居住用財産の譲渡に関わる 3,000 万円特
別控除**」があります。

　この特別控除は要件を満たせば、所有期間に関係なく、居住用財産を売却
した時の譲渡益から 3,000 万円を控除できます。

　つまり、譲渡益が 3,000 万円を超えないかぎりは課税されないというこ
とです。ただし、具体例のように居住用財産でない場合（例．更地）は適用
できません。

譲渡所得金額 ＝ 譲渡価格 −（取得費 ＋ 譲渡費用）− 3,000万円

諸費用明細書

〔売買価格〕3,000 万円　〔その他〕住所変更なし、抵当権抹消あり

	項　目	金　額（円）	備　考
1	印紙代	10,000	売買契約書
2	登記費用	50,000	抵当権抹消登記費用含む
3	仲介手数料	1,056,000	
4	金融機関事務手数料	33,000	
5	測量費	0	
6	既存住宅状況調査	0	
7	既存住宅売買瑕疵保険	0	
8	耐震基準適合証明書	0	
9	譲渡所得税	0	3,000万円控除により非課税
10	その他（　　　　　　）	0	
合計		1,149,000	

不動産を買うときに必ずかかる諸費用は？

5-07

■ 不動産の購入時にこんな諸費用がかかります

今、マイホームを購入するときの諸費用計算や資金計画を勉強しているんですが、すごく難しいです。何から覚えればいいですか？

歩実さんがどのような資金計画を組むのか、税金の軽減が受けられる物件なのかによって諸費用も大きく変わってきます。まずは物件を買うときに必ず必要になる諸費用から１つひとつ整理してみましょう！

　不動産を買うときの諸費用には、登録免許税や不動産取得税など**常に必要になるもの**と、住宅ローン保証料やフラット35適合証明のように**買主の資金計画などによって個別に必要になるもの**があります。

❶ 印紙代

　不動産売買契約書、住宅ローンを利用する時に金融機関との間で取り交わす金銭消費貸借契約書、建物を新築する場合の建築請負契約書に**契約金額に応じた印紙代（印紙税）**が必要です。

＜具体例＞

不動産購入価格：4,000万円、融資利用額：3,500万円の場合
（令和6年3月31日まで軽減税額が適用される）

〔不動産売買契約書〕〔金銭消費貸借契約書〕

印紙代 ＝ 　1万円　 ＋ 　2万円　 ＝ 3万円
（軽減税率）

201

契約金額	不動産売買契約書 （軽減税額※）	金銭消費貸借 契約書
1,000万超 ～ 5,000万円以下	2万円（1万円）	2万円
5,000万超 ～ 1億円以下	6万円（3万円）	6万円
1億超 ～ 5億円以下	10万円（6万円）	10万円

※令和6年3月31日まで適用

❷ 登録免許税

　新築で建物を取得した場合の**所有権保存登記**、売買などで不動産を取得した場合の**所有権移転登記**、住宅ローンを利用し抵当権を設定した場合の**抵当権設定登記**に必要となる税金です。

> ❶ 所有権保存登記（新築時）：固定資産税評価額 × 税率
> ❷ 所有権移転登記（取得時）：固定資産税評価額 × 税率
> ❸ 抵当権設定登記（借入時）：債権額 × 税率

個人の居住用住宅の場合、要件を満たせば居住用財産の軽減措置の適用を受けることができます。
諸費用に大きく差がつく部分です！

私もお客様の資金計画を考える時に1番にチェックしています。建物の状態が良くても、適用を受けられないと諸費用の金額が全然違ってきますから。

❖POINT❖　居住用財産軽減措置の適用要件

❶ **自己の居住用家屋**である
❷ 床面積が**50㎡以上**である
❸ 次のいずれかに該当すること
　（a）昭和57年1月1日以降に新築されたもの
　（b）地震に対する安全基準に適合することが証明されたもの
❹ 取得後**1年以内に登記**すること

＜具体例＞

土地（固定資産税評価額：2,000万円）を購入、建物新築（固定資産税評価額：1,500万円）、融資利用額：2,500万円、居住用財産の軽減措置を適用した場合の登録免許税

❶ 所有権保存登記：1,500万円 × 0.15% ＝ 　22,500円

❷ 所有権移転登記：2,000万円 × 1.50% ＝ 300,000円

❸ 抵当権設定登記：2,500万円 × 0.10% ＝ 　25,000円

登録免許税合計　　❶＋❷＋❸ ＝ **347,500円**

登録免許税率

登記項目	本則税率	軽減税率	適用期限
所有権保存登記（新築）	0.40%	0.15%	令和6年3月31日
所有権移転登記（中古）	2%	0.30%	令和6年3月31日
所有権移転登記（土地）	2%	1.50%	令和8年3月31日
抵当権設定登記	0.40%	0.10%	令和6年3月31日

❸ 司法書士報酬

　所有権保存登記、所有権移転登記、抵当権設定登記など、登記の内容によって異なりますが、**おおむね5万円から10万円程度**必要となります。

　取引時は、❷の登録免許税と合わせて「**登記費用**」として準備します。

❹ 不動産取得税

　不動産取得税は、**都道府県が不動産を取得した人に対し課税する税金**です。

　本来、不動産の取得後30日以内（都道府県により異なる）に申告を行い納税しますが、実際には**期限内に申告する人は少なく、取得後約2カ月程で送付されてくる納税通知書に基づき納税する人がほとんど**です。

　ここで注意すべき点が、**居住用財産を取得した場合の軽減措置の適用の有無**です。

　都道府県事務所が内容を確認し軽減措置適用後の納税通知書を送付してくる場合と、適用せずに送付してくる場合があるので、納税通知書が手元に届いたら、まず軽減措置の適用の有無を確認することが重要です。

❖**POINT**❖ 　軽減措置の適用要件

❶ **自己の居住用**である

❷ 床面積が**50㎡以上240㎡以下**である

❸ 次のいずれかに該当すること

　（a）昭和57年1月1日以降に新築されたもの

　（b）地震に対する安全基準に適合することが証明されたもの

軽減措置適用なし

不動産取得税＝固定資産税評価額×税率（4％）

軽減措置適用あり

〔建物〕固定資産税評価額－控除額×税率（3％）

〔土地〕（1㎡あたりの固定資産税評価額×面積）×1/2×税率（3％）

※令和6年3月31日までの特例

建物の控除額

建築年	控除額
昭和51年1月1日〜昭和56年6月30日	350万円
昭和56年7月1日〜昭和60年6月30日	420万円
昭和60年7月1日〜平成1年3月31日	450万円
平成1年4月1日〜平成9年3月31日	1,000万円
平成9年4月1日〜	1,200万円

　また、上記の軽減措置の適用要件を満たす建物の「敷地」は、

❶（新築）**土地取得から3年以内に新築する場合**

❷（中古）**土地取得から1年以内に既存建物を取得する場合**

　上記の場合は、下記のいずれか多い金額が税額から控除されます。

（a）**45,000円**

（b）**（土地1㎡あたりの評価額×1/2）×（住宅の床面積×2）× 3%**

　　※（住宅の床面積×2）は200㎡が限度となります。

＜具体例＞

〔建物〕自己居住用中古住宅、平成17年築、床面積90㎡、

　　　　固定資産税評価額1,400万円

〔土地〕面積200㎡、１㎡あたりの固定資産税評価額20万円

〔建物〕(1,400万円 − 1,200万円) × 3 ％ ＝ 6万円
〔土地〕(20万円×200㎡) × 1/2 × 3 ％ ＝ 60万円
控除額（a）45,000円
　　　　（b）(20万円×1/2) × (90㎡×2) × 3 ％ ＝ 54万円
　　　　※（a）(b) の多い金額を税額から控除 ⇒ 54万円
　　　　60万円 − 54万円 ＝ 6万円
不動産取得税＝〔建物〕6万円 ＋〔土地〕6万円 ＝ 12万円

❺ 日割清算金

　固定資産税、都市計画税、マンションの管理費、修繕積立金などを所有権移転日により日割清算し、買主負担額を残代金決済時に**売主に支払います**。

　賃借人からの賃料など対象不動産から得られる収益がある場合も日割清算の対象となり、買主収益額を残代金決済時に**売主から受領します**。

＜具体例＞

中古マンション売買（所有権移転日）2021年8月4日
（a）固定資産税・都市計画税2021年度〔年額〕100,000円
（b）管理費・修繕積立金〔月額〕30,000円
（c）家賃収入〔月額〕70,000円

《日割清算》

（a）買主負担額（2021年8月4日～2022年3月31日：240日）
　　100,000円×240日/365日＝65,753円 ⇒ 売主へ支払い
（b）買主負担額（2021年8月4日～2021年8月31日：28日）
　　30,000円×28日/31日＝27,097円 ⇒ 売主へ支払い
（c）買主収益額（2021年8月4日～2021年8月31日：28日）
　　70,000円×28日/31日＝63,226円 ⇒ 売主から受け取り

❻ 仲介手数料

　売却の場合と同様、不動産購入の仲介を依頼した宅地建物取引業者に支払う仲介手数料が必要です（5-06 参照）。

5-08 不動産を買うときに個別にかかる諸費用は？

■ ローンの利用や保険、検査でかかる諸費用

不動産を買うときに必ず必要な諸費用はわかりましたが、その他にどんな費用がありますか？

そうですねぇ、例えば、住宅ローンを利用したり、火災保険に入ったり、耐震検査を行うと費用が発生します。これらは任意にかかる費用ですが、多くの人が利用します。

❶ 住宅ローン事務手数料

住宅ローンを取り扱う**金融機関の事務手数料**で以下の2種類があります。

> ❶ **定額型**：借入金額に関係なく定額（3万円～6万円）
> ❷ **定率型**：借入金額に掛率を乗じた金額（1.0%～3.0%）

例えば、借入金額3,000万円で❷**定率型**2.0%であれば、事務手数料は3,000万円×2.0％＝60万円です。

❶**定額型**の事務手数料が5万円であれば、60万円－5万円＝55万円という大きな差が生じます。

しかし、**定額型**は定率型と比較して金利が0.1％から0.3％ほど高く設定されているため、借入金額によっては、一定の借入期間を超えると**定率型の方が総支払額が低くなる傾向**があります。

＜具体例＞

借入金額：3000万円、返済期間10年～30年、元利均等返済
　　（a）定額型：事務手数料5万円、適用金利1.5%
　　（b）定率型：事務手数料（2.0%）60万円、適用金利1.2%

	（a）定額型	（b）定率型
10年（総支払額）	3,237万円	3,245万円
13年（総支払額）	3,308万円	3,301万円
30年（総支払額）	3,732万円	3,633万円

← （a）定額型と（b）定率型の支払
総額が約13年目に逆転

　住宅ローンを利用する金融機関で事務手数料の支払い方法が選択できる場合、初期費用を安く抑えたいのであれば「**定額型**」、借入金額、借入期間を考慮し、自己資金に余裕があれば「**定率型**」という選択も可能です。

❷ 住宅ローン保証料

　契約者自身が住宅ローンの支払いができなくなった場合、**保証会社が契約者に代わって金融機関に対する残債務の支払いを行う（代位弁済）**保証です。

　金融機関の多くは、契約者の**保証会社への加入を住宅ローンの条件**としていますが、住宅金融支援機構のフラット35や、一部のネット銀行のように保証料無料の金融機関もあります。

　保証料は、金融機関、借入金額、返済期間などにより異なりますが、支払方法には、住宅ローン実行時に一括で支払う「**外枠方式**」と、月々の返済額に上乗せする「**内枠方式**」があります。

　自己資金に余裕があれば外枠方式を選択して月々返済額を軽減し、自己資金が少なく**初期費用を抑えたい場合は内枠方式**を選択することが可能です。

（例）A銀行、借入金額：3,000万円、支払方法：外枠方式の場合

借入期間	100万円あたりの保証料	保証料
（a）25年	17,254円	517,620円
（b）30年	19,137円	574,110円
（c）35年	20,614円	618,420円

事務手数料や保証料の支払い方法を選択できるなんて知りませんでした。選択するタイプによって初期費用や総支払額に大きく差が出るんですね。

余裕ある計画は毎月の返済額だけではありませんよ。初期費用の負担や住宅ローン終了時の総支払額も視野に入れた計画を組むことが大切です。

❸ 団体信用生命保険（団信）

住宅ローン返済中に契約者が死亡・高度障害となった場合、保険会社から金融機関に保険金が支払われ、残債務の返済に充当される保険です。

原則、**団体信用生命保険の加入は、住宅ローンの必須条件となり、保険料は金融機関が負担**しますが、保証内容の充実した特約部分の適用に関しては、契約者負担となります。住宅金融支援機構のフラット 35 の場合は任意加入となります。

❹ 火災保険料（建物・家財）

建物や家財を災害から守る火災保険です。住宅ローン利用時は金融機関から**火災保険、地震保険**の加入を勧められます。

火災保険に加入する場合、負担する火災保険料だけでなく、**保険金額、保険期間、保証内容**など詳細を確認し、適切な保険に加入しましょう。

❺ 既存住宅売買瑕疵保険の保険料・検査費用

新築住宅の場合、**「住宅の品質確保の促進等に関する法律」（品確法）**により、売主は買主に対し引き渡しから 10 年間は、建物の基本構造部分の瑕疵 **（欠陥、不具合）** について責任を負うことが義務付けられています。

一方、中古住宅（既存住宅）の場合、引き渡しの後の欠陥や不具合に対し売主が負うべき責任（契約不適合責任）は民法上で規定されています。

当事者間の取り決めで免責とすることもできるので、完全に買主を想定外のリスクから守ることはできません。

そこで利用されるのが「**既存住宅売買瑕疵保険**」です。

既存住宅売買瑕疵保険は、既存住宅の

1 建物の構造耐力上主要な部分（柱、床、基礎など）
2 雨水の侵入を防止する部分（屋根、開口部、外壁など）

などを保険の対象とし、引き渡し後に発見された瑕疵（不具合、欠陥）に対し、補修費用が支払われる保険です。

保険料は、建物の構造や床面積により異なりますが、床面積 120㎡の木造一戸建、保険期間 5 年、保険金額 1,000 万円の場合で 5 万円から 7 万円程度、検査費用も床面積により異なりますが、5 万円から 7 万円程度となります。

6 耐震基準適合証明書の検査費用

耐震基準適合証明書を取得すると、登録免許税、不動産取得税、住宅ローン控除などさまざまな税制面での優遇が受けられます！

最近、お客様の物件選びの条件に必ずあげられるようになりました！

「**耐震基準適合証明書**」とは、建物が建築基準法で定める**「耐震基準」を満たしていることを証明する書類**ですが、この証明書を取得するメリットは、さまざまな**税制面の優遇**を受けられることにあります。

前述の登録免許税や不動産取得税の居住用財産の軽減措置や住宅ローン控除の適用要件に建物の建築時期が定められています。

この耐震基準適合証明書を取得することにより、規定された建築時期を超える建物でも同様の軽減措置の適用を受けることが可能になります。

耐震基準適合証明書を取得するには、一級建築士など**専門家による建物検査が必要**となりますが、費用はおおむね 7 万円から 10 万円程度となります。

❼ フラット35適合証明書の検査費用

住宅金融支援機構のフラット35を利用する場合に必要とされる適合証明検査機関による検査です。

検査は、設計図書や仕様書などによる「**設計検査**」と「**現場検査**」（新築の場合は中間現場検査と竣工現場検査の2段階で行います）で住宅金融支援機構の定める技術基準を満たしていれば「適合証明書」が交付されます。

費用は**5万円から7万円程度**となります。

諸費用明細書（買主）

〔売買価格〕3,000万円　〔その他〕住宅ローン2,500万円、25年返済

	諸費用の項目	金　額（円）	備　考
1	印紙代	30,000	売買契約書・金銭消費貸借契約書
2	登記費用	175,000	所有権移転登記、抵当権設定登記
3	司法書士報酬	100,000	
4	住宅ローン事務手数料	33,000	
5	住宅ローン保証料	515,350	外枠方式
6	仲介手数料	1,056,000	
7	固定資産税日割清算金	35,000	所有権移転日により日割清算
8	火災保険料	300,000	
9	団体信用生命保険	0	
10	不動産取得税	0	軽減措置適用により非課税
11	既存住宅状況調査	70,000	
12	既存住宅売買瑕疵保険	100,000	検査費、保険料
13	耐震基準適合証明書	0	
14	フラット35適合証明書	0	
15	その他（　　　　　）	0	
合計		2,414,350	

高く売りたい! 安く買いたい!
不動産売買成功のコツ

　６日目は、不動産を売る時、買う時の具体的な流れ、重要事項説明や売買契約で必ず押さえておくべき重要ポイントを絞り込み、不動産取引が初めての人でも理解できるよう分かりやすく解説します。

　特に2020年４月施行の改正民法による「契約不適合責任」と「危険負担」は、旧法との比較により重要ポイントが理解できるよう工夫しました。

正子さん
不動産会社に勤務するキャリアウーマン。１年前に住宅ローンを利用して夢のマイホームを手に入れた。

歩実さん
正子さんの大学時代の後輩。IT関連企業に勤務。正子さんの影響で、不動産の購入を検討し始めた。

6-01 不動産の売却は査定依頼から 【売主編】

　不動産売買は専門性の高い知識と多額のお金を必要とする取引です。何の準備もなく不用意に取引を進めてしまうと、不測の損害を負う危険性やその後の人生に大きな後悔を残してしまうこともあります。

　不動産売買に関する理解を深めるために最初にすべきことは、売り手と買い手を仲介する不動産業者を介して1つひとつの手続きをどう進めていくか、という**不動産取引の全体的な流れを理解しておく**ことです。

　この章では、まず**不動産の売却の流れ**から説明します。

　これから不動産を購入しようと考えている方も**売主の視点で取引の流れを理解**することで、不動産取引の全体像が確実に掴めるようになります。

■Step1　物件の査定を依頼する業者を選ぼう

知り合いが物件を売却したいようなのですが、価格の査定をするとき、仲介してくれる不動産業者をどうやって選んだらいいでしょうか？

査定を依頼する不動産業者は、1社だけでなく、特徴の違う何社かに依頼しながら選ぶのがいいですよ！

　所有している不動産の売却は、自分だけではできませんから、**仲介を専門とする不動産業者に価格査定を依頼**することから始まります。

　大手の不動産業者、地元に強い業者、知人の紹介業者など3社ぐらいの**特徴が違う業者に依頼**するとよいでしょう。

　この時点で、次に掲げる評価に影響する内容はできる限り整理して伝えましょう。

> ❶ 売却の動機
> ❷ 過去の修繕履歴
> ❸ 不具合の有無

　事件事故など話づらい内容がある場合は、信頼を置ける業者を選定してからでも大丈夫です。

　特定の不動産業者に依頼するまでに地域的な相場感を把握しておくのであれば、**インターネットの一括査定サイトなどを利用**してみるのも1つの方法です。

　複数の不動産業者に査定を依頼し、実際に担当者と相談するなかで、依頼を取るために甘い査定額を提示する業者や、売却後の計画まで一緒に真剣に考えてくれる業者など、依頼する**不動産業者の資質や信頼度、熱意**なども分かるようになります。

❖**POINT**❖　査定依頼時に用意しておきたい書類

❶ 登記簿謄本、公図、地積測量図、建物図面など
❷ 筆界確認証、隣地との覚書など
❸ 固定資産税納付書
❹ 購入時資料（重要事項説明書、売買契約書など）
❺ 修繕履歴、施工図面、既存建物状況調査（インスペクション）報告書など

■ Step2　資金計画を立てる

正子さんは、お客様から売却相談を受ける時は、
どのようなことに注意していますか？

やっぱり、資金計画ですね。少しでも高く売りたいと思う気持ちは理解できますが、売却困難な甘い売値を出してしまうと、結果的に買い手がつかずお客様の期待を裏切ってしまうことになるので、厳しくチェックします。

不動産業者から査定結果が得られ、おおよその売値が把握できたら、次の2点を確認しましょう。

> ❶ 現況での査定額
> ❷ リフォームの必要性

　通常は買手が自分好みのリフォームを行えるように、**現状のまま売却することが多い**のですが、状態が非常に悪く、事前に内装費用をかけてでも**リフォームした方が良い場合もあります**。

　次に、売却価格を決定するための具体的な資金計画へと進めます。

　この時点で、**不動産売却後の計画など希望条件**をしっかりと伝えましょう。

　売却後どれだけの資金を手元に残したいのか、いつまでに売却したいのか、買換えであれば売却と購入後の資金計画などを具体的に話し合うことになります。

　住宅ローンの返済中であれば、金融機関から郵送される「**返済予定表**」を用意しておくと正確な資金計画を立てることができます。

　そして、資金計画に納得できれば、

> ❶ 販売開始価格
> ❷ 売却可能価格
> ❸ 販売期間

を決定します。

■ Step3　媒介契約を締結する

　物件査定や資金計画など相談を進めるなかで、実際に売却を依頼する不動産業者を選定できたら、**「媒介契約」を締結してから売却活動を開始する**ことになります。

　媒介契約とは、売却活動をするための条件、成約時の報酬など売却や購入の仲介を依頼する不動産業者と取り交わす契約です。

　媒介契約には、次の**3種類の契約形態**があります。（237ページ参照）

① 専属専任媒介契約
② 専任媒介契約
③ 一般媒介契約

3つの契約形態のうちどの契約形態で行うか、不動産業者に支払う**報酬額（仲介手数料）**、と**支払方法**（成約時全額または契約時半金、決済時半金）を取り決めます。

■ Step4　既存建物状況調査（インスペクション）を検討する

既存建物状況調査（インスペクション）とは、建築士などの専門家が客観的な立場で、構造耐力上主要な部分や雨水の侵入を防止する部分を中心に行う住宅診断です。

不具合箇所を含め客観的な診断結果や対処法を知ることによって、買主への「安心」の提供が可能になります。

インスペクションをすれば、悪いところとかが分かって買手としては安心ですけど、古いお家とか、売主さんにとっては不安じゃないですか？

インスペクションをするかどうかは、建物の状態や予算も考え冷静に判断することが大切です。建物の状態を正確に把握することは、契約後のトラブル防止に役立ちますからね！

媒介契約の際、**不動産業者から既存住宅状況調査（インスペクション）の実施業者の紹介に関する説明**があります。**インスペクションの実施自体は義務ではない**ため、建物の状態や予算などを十分に検討し、実施するかどうかを判断しましょう。

売主本人も認識していない不具合の有無や経年劣化の程度が判断できるため、物件引き渡し後の売主の責任「**契約不適合責任**」（254ページ参照）

を考える上でもメリットはあります。

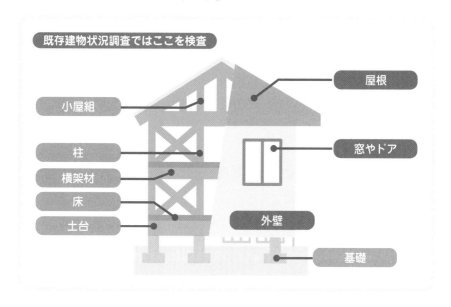

既存建物状況調査ではここを検査

小屋組

屋根

柱

窓やドア

横架材

床

土台

外壁

基礎

■Step5　売却活動スタート！

　売却活動がスタートすると、不動産流通機構の会員が利用するネットワークシステム「**レインズ**」や**不動産サイト**、**広告や不動産情報誌**など複数の媒体で物件が紹介されるようになり、関心を持った**購入検討者の内覧**が行われます。

　既に転居済みで建物が空室であれば問題ありませんが、居住中の状態で自宅を売りに出す場合、どうしても生活感が出てしまい、ゆっくり内見できません。内覧する方に好印象をもってもらうために、日頃から整理整頓や清掃を心掛けましょう。

　住みながらの物件売却は「生活感」ではなく**「清潔感」が大切**です。

　また、不動産業者からは、物件の画像や動画のネット掲載を勧められますが、画像や動画を掲載されたくない場合は、後々トラブルとならないように、最初にそのことを説明しておきましょう。

6-02 契約から決済まで【売主編】

販売開始から間もなく３カ月。ようやく１組のご夫婦から良いお知らせがありました。さぁ、契約に向け条件交渉のスタートです！

ドキドキですね。やっぱり大切なお家を気に入ってもらえるのはすごく嬉しいですよね。でもやっぱり１番気になるのはお値段です（笑）

■Step1　購入希望者との条件交渉

不動産の購入検討者が物件を内覧して購入したいと思ったら、**買付証明書という購入したい意思を伝える書類**が作成されます。

仲介業者を介して、購入検討者から買付証明書が得られたら、購入希望価格、引き渡し状態など記載内容を注意深く確認します。

購入検討者から買付証明書を受け取ると、どうしても価格にばかり意識がいきますが、その他の条件（引き渡し時期や引き渡し状態など）が希望する条件に合うものかを冷静に判断することが必要です。

買付証明書に記載された条件に納得し、契約に向けて話を進めようと判断したら、**売り渡しを承諾する書面（売渡証明書）を記載し依頼業者を介し相手方に通知**します。

❖【POINT】❖　買付証明書・売渡証明書の記載内容

❶価格（購入希望価格、売渡承諾価格）

❷支払い方法と支払い時期（手付金、中間金、残代金）

❸融資利用の有無、融資利用額、金融機関名、買換特約の有無

❹引き渡し状態（現状有姿、リフォーム渡し、更地渡しなど）

❺引き渡し時期、引き渡し猶予期間の有無

❻既存住宅状況調査（インスペクション）実施希望の有無

❼目的物件の表示

田 中 葉 子 殿 ◄──── 売主名または仲介業者名

買 付 証 明 書

下記記載物件を下記条項により買い付けますことを証明いたします。

1. 不動産の表示

    ┌─────────────┐
    │ 登記簿謄本の表題部を │
    │ もとに記入する   │
    └─────────────┘

    土　地〔所在〕　東京都千代田区飯田橋○-○-○
    　　　〔地目〕　宅地
    　　　〔地積〕　99　m²
    建　物〔所在〕　東京都千代田区飯田橋○-○-○
    　　　〔家屋番号〕飯田橋○丁目○○番
    　　　〔種類〕　居宅
    　　　〔構造〕　鉄骨造陸屋根3階建
    　　　〔面積〕　150　m²

2. 条　件

    売買価格　金　　　　　　80,000,000円　也

    支払方法

    （手付金）金　　　　　　8,000,000円　（　契約時　）
    （中間金）金　　　　　　　　　　　円　（　　　　　）
    （残　金）金　　　　　　72,000,000円　（　決済時　）

    引渡期日　令和○○年○○月○○日

    ┌──────────┐　┌─────────────┐
    │ 3.　その他 │ ◄── │ 融資利用の有無、引き渡し │
    └──────────┘　│ 状態などを記入する   │
    　　　　　　　　　└─────────────┘

    　　　　　　　　　　　　　　　　　令和○○年○○月○○日

    住　所　東京都中野区中野○-○-○
    氏　名　石　井　一　郎　　㊞

    ┌──────────────┐　┌─────────────┐
    │ あらかじめ印字しておいて │　│ 認印でかまわない │
    │ もかまわない   │　└─────────────┘
    └──────────────┘

■ Step2　売買契約前の準備

先日、洗面台の水漏れが原因で売主さんと買主さんがトラブルになりました。付帯設備表は不具合「有」でした。結局、売主さんが修理するということで買主さんにも納得して頂きました。

それは不具合の具体的な内容を説明しなかったのが原因ですね。イメージする不具合の程度も人によって違いますから、写真や動画を見せながら不具合の状態を説明するのも方法ですよ。

6日目　高く売りたい！安く買いたい！不動産売買成功のコツ

　買付証明書と売渡証明書でお互いの取引条件が整ったら、いよいよ契約に向けて準備開始です。

　売主が契約までに行う最も重要な作業が**「付帯設備表」「物件状況報告書」**の作成です。

付帯設備表について

　「付帯設備表」は、水回り関係、空調関係、建具関係などについて

> ❶ 付帯設備の有無
> ❷ 故障不具合の有無と不具合の具体的内容

を記載した書類です。

　照明器具、備付家具、カーテンレール、火災報知器などもその対象となります。

　付帯設備は、契約時点では備わっていても引き渡しまでに搬出するものは「無」もしくは「有」（搬出予定）と記載します。

　また、故障・不具合に関しては、単に不具合「有」と記載するのではなく、「流し台水栓金具の接合部から少量の漏水あり」など、買主が不具合の状態を理解できるよう**具体的な内容を記載することが重要**です。

物件状況報告書について

　「**物件状況報告書**」は、雨漏り、シロアリの害、壁・柱等の腐食や亀裂、給排水管の故障などを売主が確認し認識しているかという**告知形式で記載**します。

　ここでは、「**現在確認されているもの**」と「**過去に確認され修繕済みのもの**」を記載することになります。

　また、土壌汚染、地中埋設物、境界越境など土地に関する情報や隣地との取り決めなど「**買主への引き継ぎ事項**」に関しても詳しく記載します。

　過去のリフォームなど改修履歴があれば、当時の施工図面や見積書などを添えて準備しておくと、買主が購入後のリフォームを計画する上でも喜ばれます。

　付帯設備表と物件状況報告書に記載された内容は、物件の引き渡し後に発見された故障や不具合などに対する売主の「**契約不適合責任**」（254ページ）**に直接関わる重要な内容**です。

　不動産の評価や買主の心象が悪くなるのではないかと不安がらずに「**ありのまま**」**を記載することが大切**です。

■Step3　重要事項説明と売買契約の締結

　付帯設備表、物件状況報告書の準備ができたら、次は**売主と買主との売買契約の締結**です。

　この時に、売主は買主から売買代金の一部として「**手付金**」を受け取ります。

買主への重要事項説明

　売買契約前には、買主に対して**重要事項説明**が行われます。重要事項説明は、知識や情報の少ない買主が損害を受けないよう宅地建物取引業法によって定められた手続きで、宅建業者に設置された宅地建物取引士が行うことが義務付けられています（234ページ）。

　重要事項説明書に記載される内容の詳細については、242ページで説明します。

売買契約の締結

　契約の場では、売買契約書に記載された条文などをすべて読み合わせしていきますが、特に**「特約」の部分に注意して確認**しましょう。

　物件の引き渡し状態や契約不適合責任の免責など、契約条件のなかでも特に重要な部分ですから、事前の打ち合わせ内容と食い違いがないか1点1点注意深くチェックしましょう。

　売買契約の締結については、248ページで詳しく解説します。

〈売買契約時に用意するもの〉

❶ 印鑑

❷ 本人確認資料（運転免許証、健康保険証、パスポートなど）

❸ 委任状・印鑑証明書（受任者のもの）。※代理人契約の場合

❹ 収入印紙（売買契約書貼付分）

❺ 手付金領収証

❻ 仲介手数料（契約時に一部を支払う場合）

■ Step4　決済、引き渡し

　買主の住宅ローンが承認され「決済日」が確定したら、**決済の準備を進め**ます。

　まず、売主の立場で最初に行うことは、住宅ローンなどの**「完済依頼」**です。

　完済依頼とは、返済中の住宅ローンなどの**残債務**を、買主から受け取る**残代金をもって一括で返済**することを金融機関に申し入れることで、金融機関によりますが、通常は**完済日（決済日）の2週間前までに行う**ことが必要です。

　金融機関は、完済日付での利息計算や返還保証料の計算を行うことになるので、完済依頼の際は必ず決済日を確定しておくことが必要です。

　次に目的物件の引き渡し準備です。

　売買契約時に取り交わした**「付帯設備表」「物件状況報告書」**を確認しながら、搬出するものと残すものを区分します。

　特に、建物内の**備付家具や庭木、庭石は盲点**です。後日のトラブルになるものは、意外と当事者が「これは当然、私のもの」と思うものだったりするのです。

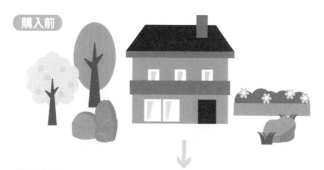

購入前

購入後　購入してみたら……

購入してみたら、気に入っていた庭木や庭石、備付家具がなくなっていたなんてことにならないように、付帯設備表や物件状況報告書を注意深く確認しましょう

　決済日当日は、**登記手続きを担当する司法書士立会いのもと、買主の指定する金融機関で行います**。具体的な決済の流れは 230 ページで詳しく解説します。

〈決済時に用意するもの〉

❶登記済権利証書、登記識別情報

❷印鑑証明書、実印

❸住民票、戸籍附票（登記上の名義人住所と現住所が異なる場合）

❹本人確認資料（運転免許証、健康保険証、パスポートなど）

❺残代金など受け取り用口座（住宅ローン返済中の場合は返済用口座）

❻鍵、引継ぎ書類（取扱説明書、隣地との覚書など）

6-03 物件購入はパートナー選びから【買主編】

　不動産を購入する場合、物件探し、資金計画から始まり、住宅ローンの事前審査など、売買契約締結までに結構ハードなタイムスケジュールになります。

　しかも、不動産に関する専門知識もないままに複雑な不動産取引を実践していくことになります。

　不動産購入成功の秘訣は、何といってもパートナー（不動産業者）選びです。理想的な不動産と出会えるかは、信頼できる不動産業者を見極められるかがキーポイントになります。

■Step1　物件探しとパートナー選び

インターネットのサイトでしかお部屋を探したことないんです。購入するかどうか分からないのに不動産屋さんに連絡するのに抵抗あって……。

最初は誰でもそう感じるものよ。希望条件に合った情報を集めるには信頼できる不動産業者を選ぶのが1番ね！

その通りです。歩実さん、正子さんをパートナーに選ぶといいですよ！（笑）

　物件探しは、仕事や家事などの合間をぬってこまめに情報収集し、気になる物件があれば繰り返し現地に出かけましょう。思いどおりの理想的な不動産を見つけるのは結構大変です。

　また、良さそうな物件と出会えても、その物件を本当に購入して大丈夫な

のかは、しっかりとした知識や経験を持った不動産業者でないと判断できません。

　最適な資金計画を考え、理想の物件と巡り合うためにも信頼できるパートナー（不動産業者）を見極めることが大切です。

　では、物件探しを依頼する不動産業者の選び方を一緒に考えてみましょう。

❶ 新築物件の購入は３種類から選ぼう！

　新築物件を購入する場合は、売主や販売代理業者と直接契約するケースがほとんどです。

　中古物件のように、仲介業者に希望条件を説明して、候補となる物件をたくさん見て回る探し方とは全く異なります。

　新築住宅には、（ａ）**注文建築**、（ｂ）**売建住宅**、（ｃ）**建売住宅**の３種類があり、それぞれの特徴を十分に理解した上で、自分に合った購入計画を立てることが必要です。

（ａ）注文建築　難易度：Ａランク

　自分好みの生活空間にとことんこだわるなら「**注文建築**」です。

　デザイン、間取り、広さはもちろん、建築工法、建築材料、住宅設備の１つひとつまで**自分の好みで選択することができます**。

　注文建築は**土地探しから**始まります。仲介業者に希望条件に合う土地を探してもらう方法や、ハウスメーカーや工務店、建築デザイナーに相談して希望エリアに強い仲介業者を紹介してもらう方法があります。

　土地探しを仲介業者に依頼する場合の注意点は、建築基準法など法令上の制限をすべてクリアする土地なのかを依頼業者と打ち合わせし、**確実に希望通りの家を建てられる土地を探し出すこと**が必要です。

　希望の土地が見つかったら、設計・施工を依頼する建築会社選びです。

　全国的に名前の通ったハウスメーカーや地元で実績のある工務店も、得意とする構造や建築工法などは様々で、施工実績で比較すると特徴がわかります。

　ＷｅｂサイトやＳＮＳ（インスタ、ＹｏｕＴｕｂｅなど）、住宅情報誌などをフル活用し、資料請求とともに、現地見学会やモデルハウスにも積極的に参加しましょう。

　建築会社別に、得意とする構造や工法、実際に家を建てた人の体験談など

をまとめた「**建築会社比較表**」を作成して、候補となる会社を絞り込みましょう。

次に、候補となる建築会社に対しては、施工プランや概算見積もりを依頼し、竣工後の保証やメンテナンスなども含め、会社ごとに比較検討していきます。

注文建築の場合、仕様書や施工図面などを使用しての説明となり、**竣工時まで完成状態の建物を内覧することができないため**、完成時の状態や資金計画面に対する説明に関して、最も信頼できる建築会社を選び抜くことが重要です。

（b）売建住宅　難易度：Bランク

売建住宅とは、**住宅会社や工務店が仕入れた分譲地を先に購入し、その後、建築請負契約を取り交わした上で建物を建築する方式**です。

市場でよく目にする「**建築条件付き分譲地**」が、この売建住宅のケースです。

土地の購入後に建物を建築する点は注文建築と同じですが、決定的な違いは、売建住宅では**予め建築会社が指定**されており、建て主側で選べない点です。

したがって、注文建築のように完全に自分好みの家を建築できるわけではなく、建築会社が得意とする工法で予め用意された数種類の設計プランをベースに選択可能な範囲で好みの仕様や設備類を選択していく形が一般的です。

売建住宅の場合、希望エリア内で「**建築条件付き分譲地**」の情報をできる限り収集し、指定の建築会社や建築工法などを確認するとよいでしょう。

注文建築のように土地探しと建築会社選びを別々に行う場合と違って、希望の建築工法で、施工実績に定評のある建築会社であれば、安心して施工プランや資金計画面の相談が進められるのが魅力です。

（c）建売住宅　難易度：Cランク

建売住宅（分譲住宅）とは、**建売業者や不動産業者が建物を建築してから土地とセットで販売する方式**です。

注文建築や売建住宅の場合と違って、間取りや内装仕様などに関しても、原則、買主側で指定することができません。

建売住宅の場合、実際に**完成状態を確認した上で安心して契約することが**

できるのが特徴です。未着工の区画であれば、選択可能な範囲で設備や仕様の一部を変更することも可能です。

　また、予め用意された施工プランでの建築となるため、建築材料や施工管理の合理化が図られ、価格的にも注文建築や売建住宅と比較すると**低額に抑えられるのが魅力**です。

　資金計画上でも、本体価格以外に必要となる費用（外構費など）を把握しておけば、正確な購入予算を立てることが可能です。

　Webサイトや住宅情報誌などで情報収集を継続して行い、希望エリア内で理想に近い物件に巡り会えれば、最も手軽で確実に夢の新築マイホームを実現できるのが建売住宅です。

	難易度	自由度	総予算
注文建築	A	A	C
売建住宅	B	B	B
建売住宅	C	C	A

❷ 広域希望なら情報量の多い大手不動産会社が有利

　物件内容を最優先し、勤務先へのアクセスなど希望路線を広範囲で探す場合であれば、**情報量の多い大手不動産業者が理想的**です。

　駅や市区町村などを決めて探す場合は、地域の情報や古くからの地主とも関わりのある**地域密着型の不動産業者**に依頼する方が、理想に近い情報が得られる可能性が高いでしょう。

　ただ、情報公開されていない水面下の物件以外は、不動産流通機構（レインズ）や他の不動産サイトを通じて、不動産業者間で情報が共有されているので、どの不動産業者を介しても同じ物件の紹介を受けることが可能です。

　大切なのは、買主の希望条件や購入予算を真剣に考え、**根気強く情報収集を継続し提案できる不動産業者であるかどうか**がキーポイントになります。

❸ 最終的には担当者が決め手

　不動産を売る時も買う時も、**情報量で勝る大手不動産業者**か、地域に根差した**フットワークの良い地元不動産業者か**という２択になります。どちらの業者に依頼するとしても、最終的には**信頼できる担当者かを見極める**ことが

大切です。

　同じ不動産業者でも、担当者次第で得られる成果には大きな差が出ます。より希望に近い不動産を探し出せるか、より有利な条件交渉ができる営業力はあるか、依頼者の立場に立って理想的な資金計画を立てることができるかなど、すべてが担当者の力量によって大きく差がつきます。

　では、担当者を見極めるポイントをいくつか整理してみましょう。

❖POINT❖　パートナー（不動産業者）の見極め方
❶依頼者の立場を1番に考えた行動ができるか
❷依頼者の希望条件をしっかりと理解し営業できるか
❸営業報告、活動の進捗状況などを随時報告してくれるか
❹不動産、建築、法律など幅広い専門知識を習得しているか
❺難しい専門知識を依頼者が理解できるよう優しく説明できるか

■Step2　購入後の生活を考えた資金計画を立てる

　物件探しと並行して行わなくてはならないのが、マイホーム購入のための**「資金計画」**です。

　ここで大切なことは、「購入する」ことが目的ではなく、**購入後の「ゆとりある生活」を一番に考えた資金計画を担当者とともに考えること**です。

　資金計画の立て方に関しては、本書5日目で解説しましたが、「借入可能額」が「返済可能額」ではありません。

　「毎月いくらだったら余裕をもって返済していけるのか」、そのためには「いくら自己資金を用意すればよいのか」を時間を掛けて考えましょう。

❖POINT❖　資金計画について
❶自己資金を「いつ」「いくら」用意すればよいのか確認する
❷融資利用条件（融資利用額、毎月返済額、返済期間など）を確認する
❸購入予算（物件価格、諸費用、リフォーム代など）を確認する

■Step3　買付証明書の提示と申込証拠金

　希望物件が見つかったら依頼業者を介して**「買付証明書」**（購入申込書）を売主に提示します（217ページも参照）。

　買付証明書には、**購入希望額**のほか、**引き渡し時期**や**引き渡し状態**など希望条件を整理し書面に記載します。

　自ら費用を負担して既存住宅状況調査（インスペクション）実施を希望する場合もそのことを明記します。

　買付証明書の前提は**「購入の意思表示」**です。原則、**法的拘束力はないため**、後日キャンセルすることも可能ですが、買付証明書をもとに、売主も真剣に売却を検討することになるため「とりあえず物件を押さえる」という意識で書面を提示するのはご法度です。

　マイホームは人生最大の買い物ですから、ギリギリまで迷うのは当然です。

　まだ決断しきれていないにも関わらず、担当者から「とりあえず」といった誘導があるようであれば、それは本当に買主の立場を考えたプロとしての行動ではありません。売主の立場で考えてみれば、そのような担当者に信頼がおけるか理解できるはずです。

　本当に優れた担当者は、**依頼者の立場とともに相手方の立場でも最良の判断ができる**ものです。

申込証拠金に注意！

　また、不動産業者によっては、**「申込証拠金」**などの名目で**お金を預かろうとするケース**があります。

　しっかりと目的を示した上でお金を預かる行為自体は法的に問題ありませんが、**申込みをキャンセルした場合は、「必ず全額返金されるお金であること」**を確認し、**「預かり証」にその旨を明記**してもらいましょう。

　もし、「申込みをキャンセルする場合は返金されない」などの説明や、預かり証への記載があっても、実際にお金を返金しなければ完全に宅建業法違反となります。

　不動産取引における申込時の預かり金の返金を巡るトラブルは後を絶ちません。この実情だけは、しっかりと覚えておきましょう。

■Step4　住宅ローンの事前審査

　購入申込みと並行して行うのが住宅ローンの事前審査です。

　売主の立場としては、**買主の融資が承認されなければ契約解除となる**ので、より確実に交渉を進めたいのは当然のことです。

　売主側の不動産業者の判断にもよりますが、複数の購入希望者から同時期に申込みがあった場合、買付証明書の到着順位よりも**事前審査の承認順位を優先するケースも多い**です。**購入を決断したら迅速に事前審査までは進めたい**ところです。

　購入申込みの時点で、慌ててどこの金融機関にすべきか迷わないよう、資金計画の段階で時間をかけて検討しておくことが必要です。

　事前審査は、主に申込者の属性や個人信用情報から融資額が判断されるため、審査日数は1日から1週間程度と短期で回答が得られます。

住宅ローンの事前審査ってすごく重要ですよね。事前審査の記載内容に誤りがあると本審査でつまずいたりしますし。ようやく慣れてきましたが緊張してしまいます（笑）

お客様も慌てて申込みして、金融機関や商品を検討できなければ後悔するかも知れませんからね。購入申込みと同時に事前審査の手続きが行えるよう、どこの金融機関に申込むかを、資金計画の段階でじっくり話し合っておくことが大切です。

6-04 契約から決済まで【買主編】

 正子さん、重要事項説明や売買契約を結ぶ前に何か
注意しておくべき点があれば、歩実さんにアドバイ
スをお願いします。

 重要事項説明書と契約書は事前に目を通しておくこ
とですね。以前、契約の場で、話が違う！と怒り出
されたお客様がいました。苦い経験です。

 事前に目を通して気になるところをチェックしてお
けばいいですね！勉強になります！

■Step1　重要事項説明を受け、売買契約を締結する

　売主との条件交渉がまとまり、住宅ローンの事前審査が承認されたら、次
は**契約手続き**に進みます。

　買主の場合、**売買契約の前に宅地建物取引士による重要事項説明**が行われ
ます。

　宅建業法では、**売買契約までに重要事項説明を行うことが義務付けられて
いますが**、実務的には**契約と同時に行われることもよくあります**。重要事項
説明と売買契約を同時に行うと少なくとも**2時間程度は必要**になります。

　買主は不動産取引に関する知識や経験に乏しく、聞き慣れない専門用語が
飛び交うなか、疑問に感じたところを質問したり、ストレスなく相手方と話
し合ったりすることは、なかなか難しいはずです。

　契約後のトラブルを避けるためにも、事前に重要事項説明書と売買契約書
の写しを不動産業者に用意してもらい、ひと通り目を通した上で理解できな
いところ、疑問に感じるところをチェックしておいて契約本番に臨みましょ
う。

〈売買契約時に用意するもの〉

❶印鑑

❷本人確認資料（運転免許証、健康保険証、パスポートなど）

❸収入印紙（売買契約書貼付分）

❹手付金

❺仲介手数料（契約時に一部を支払う場合）

■ Step2　住宅ローンの申し込みを行う

　売主との売買契約が完了したら、次は**住宅ローンの本申し込み**です。

　6-09 でも詳しく説明しますが、融資利用特約の期日内での金融機関の承認が必要なので、書類の不備などで時間がかからないよう余裕を持って準備しておきましょう。

　本審査では、事前審査で記載された内容に誤りがないか提出書類（住民票、住民税決定通知書など）で細かくチェックされます。

　事前審査の記載内容の誤りや特別な事情（新たな借り入れの発覚など）がなく、団体信用生命保険の審査が承認されれば、**10日から2週間程度で正式な回答**が得られるでしょう。

〈住宅ローン申し込み時に用意するもの〉

❶重要事項説明書、売買契約書

❷本人確認資料（運転免許証、健康保険証、パスポートなど）

❸住民票

❹印鑑証明書

❺源泉徴収票、住民税決定通知書（給与所得者の場合）

❻確定申告書、申告所得税納税証明書、事業税納税証明書（個人事業者の場合）

❼決算報告書、法人税納税証明書、法人事業税納税証明書（法人代表者の場合）

❽償還予定表、残高証明書（借り入れがある場合）

■ Step3　金融機関と金銭消費貸借契約を結ぶ

いつまで住宅ローンの申込条件は変更できるのでしょうか？　正式承認をもらってからでは遅いですよね。でも、ギリギリまで迷いそうです。

歩実さん、いい質問ですね！　正式承認を得るまでは余裕をもって考えられないものです。実は、金銭消費貸借契約が条件変更できる最後の機会なんですよ。

　住宅ローンの正式承認が得られたら、次は金融機関との**「金銭消費貸借契約」（金消契約）** となります。

　金消契約は**お金を「貸します」「借ります」という正式な契約**で、買主が融資条件（金利の種類、返済方法など）を見直すことのできる最後の機会です。少しでも不明な点や不安がある場合は遠慮なく、金融機関の担当者に相談しましょう。

　また、金消契約の際は、必ず**融資実行日（決済日）**と**融資実行店**を確定しておく必要があります。

　融資実行店は、返済期間中の繰り上げ返済や金利の見直しなどの手続きを行う店舗となるため、自宅や勤務先の近くで選ぶと後々便利です。

〈金銭消費貸借契約時に用意するもの〉
❶ 売買契約書（原本）
❷ 本人確認資料（運転免許証、健康保険証、パスポートなど）
❸ 住民票
❹ 印鑑証明書
❺ 実印
❻ 返済用口座の通帳
❼ 銀行届出印
❽ 収入印紙（金銭消費貸借契約書貼付分）

■ Step4　決済と物件の引き渡し

決済とは、

---

❶ 登記申請の手続き
❷ 借主の融資実行
❸ 決済金（残代金・日割清算金など）授受
❹ 鍵渡し

という一連の手続きをいいます。

決済当日は、**借主の融資実行店に売主、登記担当の司法書士、不動産業者が集合**し１つひとつ手続きを進めていきます。

司法書士による当事者の書類確認と登記関連書類への記名押印が完了すると、買主への融資実行、決済金の売主指定口座への送金や諸費用の出金処理へと進めます。

金融機関の処理に時間がかかるため、この間を利用して売主から買主への引継ぎ書類の説明（取扱説明書、隣地との覚書など）などを行います。

自治会や子供会の催し、ゴミの出し方など、契約の場では確認できなかったことを色々と相談してみる良い機会です。

金融機関が決済金の処理を完了した時点で、売主から買主への鍵の引き渡しという流れになります。

ここで、売主、買主、不動産業者は解散することになりますが、司法書士は売主の抵当権抹消書類の受け取り（売主本人の同席が必要な場合もあります）や法務局での登記申請手続きを行い、決済日当日の作業はすべて完了という流れになります。

〈決済時に用意するもの〉

❶ 住民票
❷ 印鑑証明書
❸ 実印
❹ 融資返済用口座
❺ 銀行届出印
❻ 本人確認資料（運転免許証、健康保険証、パスポートなど）

6-05 宅地建物取引業者と宅地建物取引士

不動産業には、売買、賃貸、管理などさまざまな仕事がありますが、免許や資格がないとできない業務があるのはご存知ですか？

私たち宅建業者の仕事ですね。不動産業界に就職してはじめに学びました。私も今年から宅地建物取引士の資格の勉強を始めたところです。

えっ？正子さん、去年も勉強を始めたって言ってませんでした!?

■宅地建物取引業の免許が必要な業務とは？

　不動産業のなかには、**宅地建物取引業法**という法律に基づき免許を取得した者だけが行うことができる業務があります。

　これを**宅地建物取引業（宅建業）**といい、宅建業を行うことができる業者が**宅地建物取引業者（宅建業者）**です。

❖POINT❖　宅地建物取引業
❶不動産の売買、交換、賃貸の「代理」または「媒介」を行う
❷自ら当事者として不動産の「売買」、「交換」を行う

　つまり、**家を「売る時」「買う時」「借りる時」に関わる不動産業者は宅建業者**だと考えると分かりやすいです。

　宅建業の業務内容で、よく誤解されるのが**不動産賃貸業**です。

　賃貸物件を媒介（仲介）により斡旋する場合は宅建業に該当しますが、自ら賃貸人（貸主）として不動産を貸す場合、つまり大家業は宅建業に該当しません。

　不動産管理業も同様です。宅建業者を介して行う入居募集や管理業務は宅建業に該当しませんが、**賃貸人（貸主）に入居者を斡旋する場合は宅建業の免許が必要**になります。

■ 宅建業者の３つの要件

宅建業者として業務を行うには、
❶**免許の取得**、❷**営業保証金の供託**、❸**宅地建物取引士の設置**という３つの要件があります！

　宅地建物取引業者として業務を行うためには「**３つの要件**」があります。

❶ 免許の取得

　１つ目が**「免許」の取得**です。
　宅建業には次の２つの免許があります

> ❶ **都道府県知事免許**
> ❷ **国土交通大臣免許**

　それぞれの**免許**は、**事務所が１つの都道府県内に設置されているか、２つ以上の都道府県に設置されているかの違い**であり、企業規模の大小を表すものではありません。
　例えば、地域密着型の宅建業者で同じ都道府県内に３つの事務所が設置されていても都道府県知事免許であり、事務所が２つであっても都道府県が異なれば国土交通大臣免許となります。

❷ 営業保証金の供託

　２つ目が「**営業保証金の供託**」です。
　営業保証金供託の目的は、不動産取引により損害を受けた一般消費者に対する金銭的補償であり、主たる事務所（本店）1,000万円、その他の事務所（支店）500万円を供託所（法務局）に供託することが必要です。
　また、営業保証金の供託に代わる方法として、保証協会に加入し**弁済業務**

保証金分担金を主たる事務所（本店）60万円、その他の事務所（支店）30万円を納入することも可能です。

❸ 宅地建物取引士の設置

3つ目が**「宅地建物取引士」の設置**です。

宅地建物取引士は**1事業所5名の従業者に対し1名以上の設置が必要**です。従業者1名から5名までは宅建士1名以上、従業者6名の事業所であれば2名以上必要ということです。

■ 宅地建物取引士と3つの特権

先ほど、宅建業者でないと行うことができない業務に関して説明しましたが、宅地建物取引業法では、国家資格を取得し登録を受けた宅地建物取引士だけが行うことができる業務が定められています。

不動産営業に関しては、宅地建物取引士の資格がなくても行うことができ、営業センスが良ければ努力次第で十分な成果が得られます。

しかし、**宅地建物取引士だけが行える業務**もあります。

---

❶契約締結前に重要事項説明を行う
❷重要事項説明書に記名押印する（宅建業法35条書面）
❸契約書に記名押印する（宅建業法37条書面）

不動産という高額商品を取り扱う上で、専門家としての高度な知識、業務に対する意識や姿勢は、消費者にとって一番の安心感につながりますね。

本当にその通りですね。正子さん、私が家を買う前に頑張ってください！

今年は大丈夫！
2年前から猛勉強してるから！（笑）

6-06 媒介契約の基礎知識

■媒介契約は宅建業者と依頼者をつなぐ「信頼の証」

不動産の売却や購入するときは価格や報酬などを決めて媒介契約を結ぶことが必要です。媒介契約には3種類あって、依頼業者の数、宅建業者の業務上の制限などが異なるので、自分に最適な契約形態を選ぶことが大切です。

　不動産を「売りたい」「買いたい」と思った時に、自分で買手を探してきたり、理想通りの物件を見つけてきて契約することができれば、宅建業者に依頼する必要はないですね。

　しかし、ほとんどの人は専門知識も経験もないので、自力で安全に取引を行うことは至難の業です。

　そこで、信頼できる宅建業者を見極め、**売却や購入を依頼する時に取り交わす契約が「媒介契約」**です。

　媒介契約は、依頼者と宅建業者を結ぶ「**信頼関係の証**」だと言えるでしょう。

■最適な媒介契約を3種類から選ぼう

正子さんは媒介契約のことはよくご存じですよね。

初めて売却を依頼されお客さんと媒介契約を結んだ時のことは今でも覚えています。上司にフォローしてもらいましたが専任媒介契約で依頼いただきました！

237

媒介契約には

> ❶ 専属専任媒介契約
> ❷ 専任媒介契約
> ❸ 一般媒介契約

の**3種類**があります。

　依頼者の立場としては、それぞれの特徴やルールを十分に理解した上で最適な契約形態を選択することが大切です。

　媒介契約の特徴を理解する上で注目すべき内容は以下のとおりとなります。

❖POINT❖　媒介契約を選ぶポイント

❶ 依頼する宅建業者は1社か複数社か
❷ 自己発見取引が可能か
❸ 宅建業者の義務（レインズ登録、業務処理状況の報告など）

■ もっとも制約が厳しい専属専任媒介契約

　専属専任媒介契約は、売主が**宅建業者1社だけ**に売却を依頼する形態です。

　この契約では、売主は自ら探してきた買主と**直接契約（自己発見取引）ができません**。売主の友人や隣人が購入を希望しても、依頼した不動産会社を介して契約をしなくてはなりません。

　契約の期間は最長3ケ月で販売期間に応じ再契約することが可能です。

　宅建業者は確実に売却を独占できるので、業務に係わる義務は他の形態よりも厳しい内容となります。

　宅建業者は媒介契約を締結してから**5日以内に指定流通機構（レインズ）に物件登録を行う**ことが必要です（160ページ参照）。

　次に、宅建業者から売主への販売活動などの**報告義務は1週間に1回以上**となります。報告方法は、売主が報告内容を繰り返し確認できるよう、書面または電子メールなどが挙げられてます。

■ 少し緩い専任媒介契約

　専任媒介契約は、専属専任媒介契約と同様、売主が**宅建業者１社に売却を依頼**する契約形態です。

　専属専任媒介契約との違いは**自己発見取引が認められている**点で、売主は自ら探してきた買主と依頼業者を介さず取引することができます。

　宅建業者の指定流通機構（レインズ）への物件登録は契約締結から**７日以内**、売主への業務処理状況の**報告義務は２週間に１回以上**と専属専任媒介契約より少し緩くなります。

　専属専任媒介契約や専任媒介契約は、買い換え、相続や離婚による財産分与など権利関係者が多い複雑な案件に適しています。

■ 複数社に依頼できる一般媒介契約

　一般媒介契約は、専属専任媒介契約、専任媒介契約と違って**複数の宅建業者に依頼**できます。

　売主の立場から考えると、複数の宅建業者に売却依頼し「よ〜いドン！」で競い合った方がより好条件で売却できるのではと考えがちです。

　しかし、宅建業者の立場としては、他業者の進捗状況が分からないまま、一生懸命、営業を続けた結果、他業者で成約されるリスクもあるため、広告宣伝も積極的に行わず**モチベーションが下がる傾向**にあるのは間違いありません。

　依頼を受けた宅建業者は、**指定流通機構（レインズ）への物件登録や売主への業務報告義務もありません。**

　また、媒介契約の説明でよく誤解される点ですが、どの契約形態でも指定流通機構（レインズ）に物件登録がなされれば、全加盟店間で情報が共有されるため、買手に物件情報を紹介する業者数にはまったく変わりがありません。

　一般媒介契約で売主が依頼した複数社から指定流通機構に物件登録がなされても、同じ物件情報が重複して存在するだけであり、複数の一般媒介業者から情報公開されている物件に対し、情報収集を行う業者のモチベーションが上がりにくいのは事実です。

　ただ、専属専任媒介契約や専任媒介契約で依頼業者１社に絞り込めない場合や、査定依頼の結果に不安が残るような場合は、大手不動産業者、地域密

着型の地元不動産業者など複数社に売却を依頼してみるのも考え方の1つです。

媒介契約比較表

	専属専任媒介契約	専任媒介契約	一般媒介契約
複数の不動産会社との契約	× 1社のみ	× 1社のみ	○ 同時に複数社と契約可能
自分で買手を見つけたい場合	× 自分で買手を見つけた場合も不動産会社の仲介が必要	○ 不動産会社の仲介なしで販売可能	○ 不動産会社の仲介なしで直接販売可能
契約の期間	3カ月以内	3カ月以内	規定なし 国土交通省の標準媒介契約約款では3カ月以内で指導
レインズへの登録義務	○ 契約から最長5日以内	○ 契約から最長7日以内	× 登録義務なし
販売状況を報告する頻度	1週間に1回以上	2週間に1回以上	規定なし

なるほど！よく理解できました！色々と複雑な事情とかを相談しながら進めたい時は、専属専任か専任媒介で1社に任せた方が安心ですね！

3つの媒介契約にはそれぞれメリットとデメリットがあります！　内容を十分に理解した上で自分にピッタリの取引形態を選択したいですね！

6-07 重要事項説明を学ぼう！ ①客観的状況

一般の商品と異なり、不動産は一生に一度の大切な買い物です。購入時は正しく物件の内容を把握したうえで慎重に契約を行う必要があります。

重要事項説明は、専門知識を持たない買主が、理解不足のまま契約を行い不測の損害を受けることのないよう **「買主保護」を目的として行われる**ものです。

重要事項説明は、買主が契約するかどうか最終の意思決定をするための重要な業務です。宅建業法では、高度な知識を備えた宅地建物取引士に説明させることで買主が安全に取引できるよう定めているわけです。

私も早く宅建士の資格を取って一人前になりたいです！

正子さんの重要事項説明1号は私でお願いします（笑）

■重要事項説明書は、構成とポイントを押さえれば大丈夫！

重要事項説明書には、権利関係、法令上の制限、契約にかかわる重要な事項など、複雑で難しそうな専門用語がぎっしり書かれており、度重なる法改正により**説明項目も増えています**。

不動産に対する専門知識を持たない買主にとって「分厚い専門用語の塊」は、内容を理解できなければ、契約に対する不安しかありません。

しかし、心配する必要はありません。

重要事項説明を正しく理解するコツは、**全体の構成と押さえるべきポイン**

トのみ**しっかりと把握できればよいのです。**

　重要事項説明書は、目的物件と売買契約について次の２部から構成されています。

- ❶ **客観的状況**
- ❷ **取引条件** (6-08参照)

■「客観的状況」の構成とポイント（共通）

　不動産の「**客観的状況**」とは、所有者は誰で、どこからお金を借りているのかといった**権利関係**や、どのような法令上の制限があり、道路との接し方やライフラインの整備状況はどうなのかといった**物件の取引時の状況**が記載されています。

〈不動産の客観的状況〉

❶ 不動産の表示
　所在、地番、面積、権利の種類など主に登記簿謄本の内容が記載されています。

- （ａ）登記簿謄本の面積と実測面積が大きく異なる場合は内容を確認する。
- （ｂ）土地の測量図の有無、作成年月日を確認。作成時期が古い場合は現況が変化している場合があるため注意が必要です。
- （ｃ）建物の増改築の有無を確認。増改築で未登記部分がある場合、引き渡しまでに売主側で登記するよう特約に盛り込む必要がある。

❷ 売主の表示、第三者による占有の有無
　売主の住所、氏名、第三者による占有の有無などが記載されています。

- （ａ）売主と所有名義人が同じか確認する。異なる場合、原因（相続、転売など）と売主本人であることを示す書類の提示を求める。
- （ｂ）第三者による占有がある場合、占有者の住所、氏名、権利の種類（賃借権など）と物件引き渡し後の占有者との関係を確認する。

❸ 登記記録に記録された内容
　所有名義人、差押え、（根）抵当権など登記上の権利関係が記載されています。

- （ａ）甲区欄で登記名義人の住所、氏名などを確認する（住所変更、婚姻、離

婚による姓の変更の有無）。

（b）甲区欄で差押え、仮差押えの有無を確認する。税金や借金滞納などによる差押え、仮差押えがあれば債権者の同意が得られているか確認する。

（c）乙区欄で抵当権、根抵当権の設定の有無を確認する。設定がある場合、売買代金や自己資金で抹消できるかを確認する。

❹ 法令上の制限

都市計画法、建築基準法など法令上の制限内容が記載されています。

（a）用途地域で希望の用途（住宅、店舗など）で建築可能か確認する。

（b）建蔽率、容積率、高さ制限、斜線制限などの規制を守っているか確認する。

（c）道路との関係で接道義務を満たし、再建築が可能かどうかを確認する。

（d）造成宅地防災区域、土砂災害警戒区域、津波災害警戒区域かどうかを確認する。区域内にある場合、安全面を考え対応策を検討する必要がある。

（e）石綿使用調査、耐震診断、既存建物状況調査の有無と内容を確認する。調査結果を基に対応済みであるか、将来的な対応の必要性を確認する。

（f）ライフラインの整備状況、改修工事の必要性、追加費用の有無を確認する。

（g）確認済証、検査済証を取得しているか確認する。検査済証を取得していない場合、住宅ローンの審査対象外となったり、住宅ローン控除の要件である耐震基準適合証明書が取得できない可能性がある。

都市計画法、建築基準法など、法令上の制限は特に重要です。違法建築や法基準に適さなくなった中古物件の場合、安全性が確保できないだけでなく、改修工事に膨大な費用が必要になるケースがあります！

希望物件に問題があったらと想像すると本当に怖いです。住宅ローンも組めないかもしれないですね。しっかり確認します！

■「客観的状況」の構成とポイント（マンション）

マンションに関しては、次の章で詳しく説明しますが、専有部分の用途、利用制限、管理費、修繕積立金の改定予定などが特に重要です。

〈マンションの客観的状況〉
....

❶ 専有部分の用途、利用制限

専有部分の用途（住居、店舗、事務所など）と利用制限（ペット飼育、改修工事など）が記載されています。

(a) 希望の用途での使用が可能か必ず確認する。特に事務所など事業用での利用を希望する場合は注意が必要です。

(b) ペット飼育が可能か、飼育する場合の条件など規約上の規定を確認する。

(c) 改修工事、特にフローリング工事の場合の遮音性能などが定められているか確認する。

(d) 楽器類の使用に関する管理規約上の規定を確認する。

❷ 専有使用権に関する規約等の定め

バルコニー、駐車場、駐輪場など専用使用権のある共用部分を利用できる人、利用条件などが記載されています。賃借人では利用できない場合もあるので注意が必要です。

❸ 管理費、修繕積立金等の定め

管理費、修繕積立金等の月額、修繕積立金の累計額などが記載されています。

(a) 管理費、修繕積立金に関しては、今後の改定予定の有無を確認する。

(b) 専有部分の管理費、修繕積立金などの滞納額があれば注意。所有権移転後まで放置すると管理組合に対する支払い義務も承継することになる。

(c) 修繕積立金の累計額は大規模修繕工事の予定と合わせて確認する。予定されている大規模修繕工事に対して累計額が少ないと、金融機関からの借入や修繕積立金の改定、一時金の徴収などが行われる可能性がある。

❹ 管理の委託先

マンションの管理委託先の名称、所在地、管理業者登録番号などが記載されています。

管理形態、管理事務所の業務時間、緊急時連絡先などを確認しましょう。

6-08 重要事項説明を学ぼう！ ②取引条件

重要事項説明書の後半には、代金、契約解除、違約金の額など取引条件の重要ポイントが整理されています。読み慣れない契約書の条文を、宅地建物取引士が分かりやすく説明することで、初めての買主も必ず理解が高まります。

難しい専門用語を分かりやすく説明してもらえると助かります。契約書の長い条文を読んでると頭が真っ白です（笑）

6日目
高く売りたい！安く買いたい！
不動産売買成功のコツ

■「取引条件」の構成とポイント

　重要事項説明書の「取引条件」には、売買代金、契約解除、損害賠償の予定、住宅ローンの内容など、売買契約書の内容でも特に重要な取引条件が記載されています。

　売買契約書に記載された内容と違いがないか、細かくチェックしましょう。

〈取引条件〉

❶売買代金および交換差金以外に授受される金銭の額

　売買契約の場合、売買代金と土地、建物、消費税の内訳が記載されています。また、売買代金以外に授受される金銭として、手付金、固定資産税や管理費・修繕積立金など売買当事者間の日割清算金などが記載されています。

　（a）売主が課税事業者の場合は建物部分に課税される消費税額の記載が必要。

　（b）手付金は残代金授受の際、売買代金の一部に充当するお金ですが、解約手付、違約手付、証約手付（249ページ）など法的に異なる性質を持つお金です。

245

❷契約の解除に関する事項

契約締結後の解除の種類、解除期日、内容が記載されています。

手付解除、引渡し完了前の滅失・損傷による解除（危険負担）、融資利用特約による解除、契約不適合による解除、契約違反による解除（違約解除）、反社会的勢力の排除条項に基づく解除などです。

（ａ）**手付解除、融資利用特約による解除**の場合、**解除期日が重要**です。

（ｂ）**違約解除**の場合、次の**損害賠償の予定または違約金の額が重要**です。

❸損害賠償の予定または違約金に関する事項

契約違反による解除（違約解除）を行う場合の損害賠償の予定や違約金の額に関して記載しています。

（ａ）手付金の額または**売買価格の10％から20％**で定める場合が多い。

（ｂ）**宅地建物取引業者が売主となる場合**、損害賠償の予定や違約金の合計額が**売買代金の20％**を超えてはいけない（宅建業者間の取引は対象外）。

❹手付金等の保全措置の概要

宅地建物取引業者が自ら売主となる場合、一定の金額を超える手付金等の預かり金に対して**保全措置**が必要となります。宅建業者の倒産などから買主を守るための措置です。

（ａ）未完成物件：**売買代金の５％超または1,000万円超** ⇒ 保全措置必要

（ｂ）完成物件：**売買代金の10％超または1,000万円超** ⇒ 保全措置必要

❺金銭の貸借のあっせんに関する事項（融資利用特約）※ 251 ページ参照

買主が住宅ローンを利用する場合の金融機関名、融資利用額、金利、借入期間、融資非承認の場合の解除期日、宅建業者による斡旋の有無が記載されます。

買主は予定していた融資の承認が得られなかった場合、解除期日内であれば契約を解除することができ、既に**授受された手付金等は買主に返金**されます。

（ａ）**金融機関名** ⇒ 予定している金融機関名が記載されているか確認する

（ｂ）**融資利用額** ⇒ 事前審査や資金計画とおりの融資利用額であるか確認する

（ｃ）**金利** ⇒ 融資実行時の金利は予定している金利から変動する場合がある

（ｄ）**借入期間** ⇒ 事前審査や資金計画とおりの借入期間であるかを確認する

（ｅ）**解除期日** ⇒ 融資が非承認となった場合、期間内であれば契約解除できる

❻担保責任の履行に関する措置（契約不適合責任）※ 254ページ参照

　不動産が種類または品質に関して契約の内容に適合しない場合に、売主が負うべき責任（**契約不適合責任**）を履行するために、**保険契約**や**保証委託契約**を締結している場合は、保険契約や保証委託契約の名称、目的、期間、保証金額の限度額、保証対象の範囲などが記載されます。

　簡単に言うと、売主が倒産など「万が一」に備え、買主に対する責任を果たすための準備をしていますか、という内容です。売主が保険や保証に頼らず契約不適合責任を果たすという場合であれば「措置を講じない」となります。

（a）売買契約書で契約不適合責任の内容を確認する。売主の契約不適合責任を「免責」とする場合は、特約にその旨の記載があります。

（b）売主が宅建業者で目的物件が特定住宅（新築住宅）の場合、基本構造部分（構造耐力上主要な部分及び雨水の侵入を防止する部分）に対し10年間の担保責任を負うことが「住宅の品質確保の促進等に関する法律」（品確法）で規定されています。また、「住宅瑕疵担保履行法」により責任保険への加入または保証金の供託が義務付けられています。

❼土地の測量による売買代金の清算

　登記簿面積と測量面積の間に差異が生じた場合の清算に関して記載しており、清算基準面積と1㎡あたりの清算単価を記載します。通常、清算基準面積は下記のいずれかとなります。

（a）私道負担（セットバック含む）なし⇒登記簿面積（公簿面積）

（b）私道負担（セットバック含む）あり⇒私道負担を除く有効宅地面積

　お客様のための説明なので、宅建業者のための説明にならないよう、本当に必要で重要なところを絞り込み、分かりやすく説明しないといけないですね。

　本当にそう思います。お客様が置いてきぼりにされてる場面を何度か見ました。すべて必要と言いながらも理解できなければ意味がないのでお客様が分かる説明を心がけたいです。

6-09 売買契約のポイント《基礎》

　重要事項の説明を受けたら、いよいよ売買契約の締結を行います。買主に対して交付される重要事項説明書（宅建業法第 35 条書面）に対し、**売買契約書**（宅建業法第 37 条書面）は契約当事者がそれぞれ**記名押印した上で保管し合う大事な書類**です。

■売買契約書は３つの「What」で構成されている

　売買契約書は、重要事項説明書と比較するとシンプルで分かりやすい構成です。
　簡単に言うと

> ❶「どのような不動産」（不動産の表示）を
> ❷「どのような条件」（代金、支払い方法、時期など）で契約し
> ❸「どのような状態」（既存建物状況調査の確認事項、特約など）
> 　で引き渡すか

という３つの「What」（どのような）で構成されています。
　また、契約を解除する時、融資が承認されなかった時、引き渡し後に不具合などが確認された場合などの約束事が取り決められています。

- -

❖POINT❖　売買契約書の構成

❶不動産の表示
❷売買代金および支払い方法、支払い時期、不動産の引渡し日
❸公租公課の清算起算日（会計年度であれば４月１日）
❹手付解除できる期日
❺違約解除の場合の違約金の額
❻融資利用の有無、融資利用額、申込先、融資利用特約による契約解除期日
❼既存建物状況調査（インスペクション）により売主、買主が確認した事項
❽特約（物件の引き渡し状態、契約不適合責任の免責など）

- -

■ 手付金と手付解除

売買契約を締結したとき、買主から売主に支払われるお金が手付金です。これは物件を押さえるためのお金じゃないんですよ。買主が手付金を売主に支払うことで、正式な契約として当事者に法的な責任が生じるんです。

私も不動産業界で勉強するまでは、手付金は仮契約で物件を押さえるための前払い金と考えていました。しかし、今ではお客様に手付金がどれだけ重要なお金であるかをしっかり説明できるようになりました。

　不動産を購入するため売買契約を結ぶときには、**買主は売主に手付金を支払います。**

　手付金には、売主、買主のいずれかが契約を解除する時に相手方に支払われる「**解約手付**」、相手方の契約違反に対し手付金を没収する「**違約手付**」、そして手付金を授受することによって正式に契約が成立したことを示す「**証約手付**」としての役割があります。

　手付金の額は、通常、売買価格の **10%程度**で、**現金払いが一般的**です。

手付解除とは

　契約を締結した後に、買主が他にもっといい物件を見つけて契約を解除する場合があります。また、売主も契約後にどうしても売却できない事情が生じる場合があります。

　このような場合、**買主は手付金を放棄し、売主は手付金を返還し、さらに同額を買主に支払うことにより契約を解除することができます。**

　これを「**手付解除**」と言います。

　解除できる期日（売買契約書に記載された手付解除期日）までは、通常、売買契約から30日程度です。

手付解除の場合、原則、理由を問わず契約解除できるため、当事者の一方に偏りがある定め方は理想的ではありません。

　買主の自己資金が少なく手付金が少額となる場合であれば、売主のリスクが大きくなるため、次に説明する違約金の金額設定で調整を行ったりします。

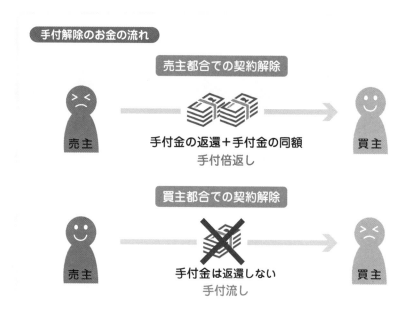

■ 違約金と違約解除

　手付解除に対して、相手方の契約違反や契約の不履行を原因に契約を解除することを「**違約解除**」といいます。

　売買契約では、予め損害賠償の予定や違約金の金額を取り決めておくことになりますが、通常、違約金の額は①**手付金の額**、②**売買価格の 10 ～ 20 %程度**となります。

　前述のように、買主の手付金が少額の場合であれば、②で予定することが理想です。

　また、違約解除の場合、解除を申し出る者が「**履行に着手**」していることと「**相手方への催告**」が必要となります。

　履行の着手とは、「客観的に外部から見てわかるような形で契約の履行行為の一部を行った」という内容ですが、具体例をいくつか挙げてみましょう。

〈具体例〉

売主の履行の着手

・買主の希望に応じ建物を解体し更地にした
・買主の希望に応じ土地の実測を行った
・買主の希望に応じ建物の内装工事を行った

買主の履行の着手

・中間金（内金）を支払った
・引き渡し期日をすぎ、繰り返し催告を行った
・建設業者に着工金を支払い、建築請負契約を行った

　違約解除は、手付解除との関係で考えると、手付解除期日を超えて相手方に契約不履行があれば催告した上で、違約金を請求できるものと取り決めておくことになります。

■買主を守る融資利用特約（住宅ローン特約）

　手付金を払って、万が一、住宅ローンが通らなったらどうしようと不安になります。お金はちゃんと戻ってくるのですか？

融資利用特約が付いた契約であれば大丈夫です。手付金も返金されます。でも、融資利用額とか解除期日には十分に注意してくださいね。

　売買契約書に「**融資利用の特約**」が記載されている場合があります。
　これは、買主が代金の支払いに融資（ローン）を利用することを条件に売買契約を締結し、期日までに金融機関などから融資が承認されなかったとき、買主は契約を解除することができ、支払った手付金も返還されるという特約です。

「**融資利用特約**」は融資の非承認で支払いができなくなった**買主の保護**を
目的としています。

　融資が承認されなければ、売主は契約解除されるリスクを負うことになる
ため、買主としても融資利用特約に関する正しい知識を持ち、融資承認が得
られるよう最大限努力することが必要です。

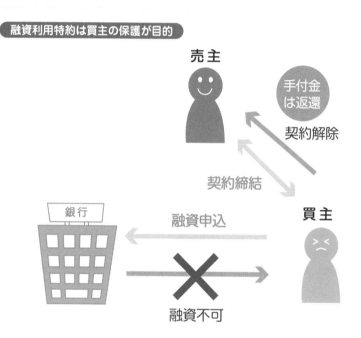

❖POINT❖　融資利用特約で記載される内容

❶ 金融機関名　　（例）〇〇銀行　〇〇支店
❷ 融資利用額　　（例）3,000万円
❸ 金利　　　　　（例）1.5%　※実行金利は異なる可能性があります
❹ 借入期間　　　（例）30年
❺ 解除期日　　　（例）〇〇年〇〇月〇〇日

　融資が承認されなくても、特約による解除が認められないケースもあるの
で注意が必要です。

〈例〉融資利用特約による解除ができない場合

❶ 特約にある金融機関とは別の金融機関で審査が非承認となった場合
❷ 特約にある融資利用額より高額の融資を申し込み非承認となった場合
❸ 申込内容に不告知や虚偽告知などがあることが判明し非承認となった場合
❹ 事前審査の承認後、新たな借入れをしたことが判明し非承認となった場合
❺ 融資利用特約による解除期日を超えて解除を申し出した場合

　なお、**融資利用特約の期日**は、手付解除期日と同じく**売買契約締結後30日程度で設定**するのが一般的です。

　金融機関の事前審査の精度は本審査並に高いため、事前審査の承認が得られていれば、買主の不告知や虚偽告知など新たな問題が起こらない限り、期日内に回答が得られます。

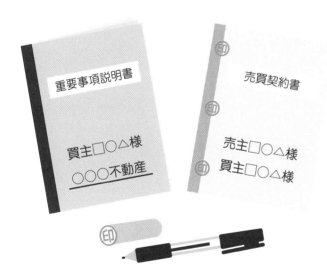

6-10 売買契約のポイント《応用》

■瑕疵担保責任と危険負担に大きな変更が

2020年に120年ぶりの民法の大改正があったそう
ですね。不動産の取引ではどんな影響があるのでし
ょうか？

今回は債権法の改正によって契約上のルールが大き
く変更されました。例えば、売主の契約不適合責任や
危険負担ですね！

2020年4月1日、実に120年ぶりとなる民法の大改正がなされました。

不動産売買に大きく影響する内容の1つが、改正前の**「瑕疵担保責任」**に
代わる**「契約不適合責任」**です。

瑕疵担保責任とは、売買した**対象物に傷などの欠陥があったときの売主の
責任**のことです。

契約不適合責任への変更は、名称が変更されただけでなく、売主の負うべ
き責任の前提、買主の主張できる権利の種類など、内容的にも大きく改正さ
れています。

もう1つの大きな変更点が**「危険負担」**です。

物件引き渡し前の滅失、毀損など不動産取引における実情と法律との不合
理が改正民法により完全に是正されることになりました。

❖**POINT**❖　改正民法による危険負担 (258ページも参照)

危険負担とは、契約締結後、引き渡しまでの間で、天災地変や隣家の火事による類焼
など、売主、買主のいずれにも責任のない理由で目的物件が滅失または毀損した場
合、修復可能なら売主が修復して買主に引き渡し、目的物件が滅失した場合は、買主
は売買代金の支払いを拒絶し、契約を解除できるというものです。

■契約不適合責任のポイントを押さえよう！

「**契約不適合責任**」とは、買主に引き渡された目的物が**種類、品質、数量、移転した権利**に関して「**契約内容と適合しない**」ものであった場合に、売主が負うべき責任を定めたものです。

簡単にいうと、「不具合のない状態で物件を引き渡します」と約束をしたのに、引き渡し後の物件に不具合が見つかった場合、買主は売主に責任を追求できるということです。

改正前民法の「瑕疵担保責任」では、契約時には気付かなかった隠れた瑕疵（欠陥、不具合）が引き渡し後に発見された場合に、売主の負うべき責任の範囲と期間を定めたものでした。

それに対して、**「契約不適合責任」**の前提は、**目的物の「引き渡し状態」を当事者で確認し合った上で「契約内容と異なる状態」であったことに対し売主の債務不履行責任を問うもの**だと考えれば理解しやすいでしょう。

契約不適合責任では、契約内容通りの物件を引き渡すことができなかった売主に対し、買主が対抗できる権利が拡大されています。売主は物件の引き渡し状態に対し、これまで以上に責任を持つべきだとする考えです。

物件状況報告書や付帯設備表の重要性が高まったと思います。付帯設備の有無や不具合の有無を、売主様と一緒に時間をかけてチェックします！

■買主が行使できる４つの権利

売主の契約不適合責任に対し、買主は

❶追完請求　　❷代金減額請求
❸損害賠償請求　❹契約解除

という４つの権利で対抗できます。

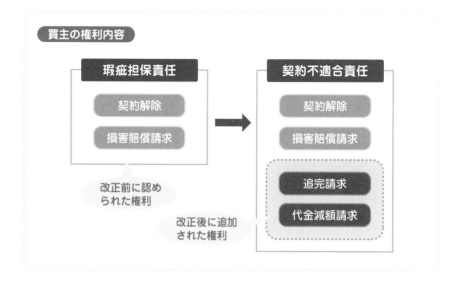

❖POINT❖ 契約不適合に対する買主の4つの権利

❶追完請求
目的物件に雨漏りやシロアリの害などの欠陥があった場合に売主に補修を求めたりするケース。売主の帰責性（法的な責任）は不要。

❷代金減額請求
相当の期間を定めて催告し、売主が期間内に追完しない場合、または追完不能の場合は無催告で請求できる。売主の帰責性（法的な責任）は不要。

❸損害賠償請求
目的物件が契約内容に適合しないことに対し、売主に損害賠償請求することが可能である。売主の帰責性（法的な責任）が必要。

❹契約解除
催告したが売主が履行に応じない場合（但し、不履行が軽微なものを除く）や履行不能の場合は契約解除できる。売主の帰責性（法的な責任）は不要。

改正前民法の瑕疵担保責任の場合、損害賠償請求と契約目的を達することができない状態であれば契約解除することが可能でしたが、**追完請求や代金減額請求はできなかった点が契約不適合責任との大きな違い**です。

■買主の権利行使と期間の制限

　契約不適合責任では、**買主が権利行使できる期間も緩和**されました。

　瑕疵担保責任の場合、買主が瑕疵の存在を知ってから1年以内に売主に対して責任を追及しなければならないとされていました。

　契約不適合責任では、買主は（a）**種類・品質に関する契約不適合**を知ってから**1年以内にその旨を「通知」**しなければ、4つの権利（追完請求、代金減額請求、損害賠償請求、契約解除）を行使できなくなると改められました。

　ただし、（b）**数量や移転された権利の契約不適合の場合**、（c）**売主が引き渡し時に不適合を知っていたか、重大な過失により知らなかった場合**は、買主は権利行使のための**期限の制限を受けず、消滅時効の規定に従う**ことになります。

　つまり、不適合を知った時から**5年**、権利を行使できる時から**10年**で時効にかかるということです。

❖POINT❖　瑕疵担保責任と契約不適合責任

瑕疵担保責任

　⇒瑕疵の存在を知ってから1年以内に権利行使が必要

契約不適合責任

　（a）種類、品質に関する契約不適合

　　　⇒不適合を知ってから1年以内に「通知」が必要

　（b）数量、移転された権利に関する契約不適合 ⇒期限の制限なし※

　（c）売主が不適合を知っていた、重過失により知らなかった

　　　⇒期限の制限なし※

　　　※不適合を知った時から5年、権利行使できる時から10年

❖POINT❖　売主が宅地建物取引業者の場合

宅建業法の規定により、種類、品質に関する契約不適合に関し、買主の通知期間「契約不適合を知ってから1年以内」を「物件引き渡しから2年以上」の期間に変更することは可能ですが、これ以上の買主に不利になる特約を結んだ場合は無効になります。

■契約不適合責任の「免責特約」は有効

改正民法は買主にとってはメリットが大きいけど、売主が保証できないほど古い家を売る時も必ず契約不適合責任を負うことになるのですか？

契約不適合責任は特約で免責とすることも可能です。ただし、すべてを免責とするのではなく、不具合の有無や免責とする範囲を明確に示すことで、後日のトラブル防止に効果的ですね。

契約不適合責任では「売主は契約不適合責任を負わない」旨の**免責特約**も、1年間の通知期間を短縮することも可能です。

ただし、売主が不適合の事実を知っていたにも関わらず、故意に買主に告げなかった場合などは責任を免れません。

大切なことは、不具合がある箇所、経年劣化の程度など「契約時の目的物件の状態」に対し、契約当事者が十分に理解した上で責任の範囲、期間の制限を設けることです。

〈契約不適合の具体例〉
❶**建物** ⇒ 雨漏り、シロアリの害、木部の腐食、給排水設備の故障など
❷**土地** ⇒ 地中埋設物、土壌汚染、軟弱地盤、擁壁不良、境界越境など
❸**権利** ⇒ 抵当権や地上権などの付着、一部が他人の権利である場合など

■危険負担の債権者主義の撤廃

自然災害による危険負担のリスクは誰にでもあります。不動産を取引する上で、決して他人事と思わずしっかりと覚えておいて欲しい知識です。

私もそう思います。契約の時はお客様も上の空というか、あまり関心がないようですが、いつ何時、自分が巻き込まれるか分かりませんもんね。

　物件の引き渡し前だから売主が責任を負うのは当たり前と感じる人も多いのではないかと思いますが、**改正前民法では、天災地変など当事者に責任のない理由による危険負担は買主が負う**ものと定められていました。

　つまり、目的物件が滅失、毀損してしまっても買主は代金を支払わなくてはならず、売主には修復義務もありませんでした。

　確かに契約後であっても、それではあまりに不合理だということで、実際の不動産取引では、引き渡し前の「万が一」のリスクを売主が負うものと置き換えて対応していたのです。

　改正民法では、この不合理な規定が削除され、引き渡し前の**「万が一」**に対しては売主が負担を負い、**買主は代金支払債務の履行を拒絶できる**もの改めたわけです（**履行拒絶権**）。

　ただし、代金の支払いは拒絶できても、**代金支払債務がなくなるわけではないため**、**契約の解除が必要になる**点は覚えておきましょう。

6日目
高く売りたい！安く買いたい！
不動産売買成功のコツ

❖**POINT**❖　危険負担の民法上の規定
❶**改正前** ⇒ 万が一のリスクは買主（債権者）が負う〔債権者主義〕
❷**改正後** ⇒ 万が一のリスクは売主（債務者）が負う〔債務者主義〕

■ 危険負担の基準は目的物件の「引き渡し」

　先生、目的物件を引き渡した後の万が一のリスクは誰がリスクを負うことになるのですか？

　なかなか鋭いですね！　目的物件引き渡し後のリスクは買主が負うことになります。当事者の負担区分は「引き渡し」が基準になります。

　改正民法では、契約締結から目的物件の引き渡しまでの「万が一」のリスクは売主が負うものと定められていますが、**目的物件を引き渡した後**に、当事者に責任のない理由で建物が滅失または毀損してしまった場合は、**買主が負担を負う**ことになります。したがって、売主の買い換えなど残代金授受の時期と引き渡し時期が同時履行でないケースは、**「万が一」が起こってしまった時の対応や負担区分を契約書に明記しておく**ことが重要です。

Column クーリングオフ

契約後一定の期間内であれば、無条件で契約を解除できるクーリングオフですが、不動産取引に関しても宅地建物取引業法で**クーリングオフ制度**が定められていることは意外と知られていません。

1960～1980年代にかけて、悪質な業者が不動産に不慣れな消費者を高級ホテルや温泉旅行に接待し、電気もガスもない無価値な山林や原野を「必ず将来値上がりする」と高額で売りつける「**原野商法**」で被害者が多発し社会問題にまでなりました。

このような悪徳商法から一般消費者を守り被害者を増やさないために誕生したのがこの制度です。

クーリングオフできるのであれば、「万が一、問題のある物件を契約してしまっても大丈夫！」と思われるかも知れませんが、宅建業法で定めるクーリングオフ制度には、**いくつかの適用要件がある**ことを覚えておきましょう。

＜クーリングオフ適用要件＞

❶ **売主が宅地建物取引業者である。**

※売主が宅地建物取引業者でない個人等の場合は適用外となります。
※買主が宅地建物取引業者の場合は、適用外となります。

❷ **宅地建物取引業者の事務所等以外での申込み又は契約である。**

※事務所等とは、店舗、営業所、案内所、モデルルーム等をいいます。
※事務所等以外とは、喫茶店、レストラン、買主の自宅、勤務先等です。

❸ **代金の支払いをしていないこと又は物件の引渡しを受けていないこと。**

❹ **クーリングオフできる旨及びその方法を書面により告知された日から起算し、8日以内であること。**

※申込日や契約締結日からの起算ではありません。
※書面による告知がなければ買主は8日以内の制限を受けません。

＜クーリングオフ適用外となるケース＞

❶ **買受けの意思表示を宅地建物取引業者の「事務所等」で行っており、後日、事務所等以外の場所で契約締結した場合。**

❷ **買主自身が指定した買主の自宅や勤務先で契約した場合。**

不動産取引におけるクーリングオフは「誰」と「何処」で契約（申込み）したかが、適用要件の可否を分けることになります。

なお、対象となる不動産取引は**「売買」のみで「賃貸」は適用対象外**です。

7日目

マンションの「今」と「未来」

　7日目は、専有部分と共用部分、管理費、修繕積立金の運用方法など区分所有建物の基礎知識から、マンショントラブル対処法、大規模修繕工事と建替え決議など管理組合運営の重要ポイントまで、マンション生活に関わる専門知識をイラスト、実例を用いて分かりやすく解説します。
　「復旧か建替えか」これからの時代、避けて通れないこの大きな課題に対し、どのように考え行動すべきか。そのヒントがこの章に隠されています。

松井さん
定年後、初めて、自宅マンションの理事長を務めることになった元学校の先生。大規模修繕工事の予定もあって大忙しの毎日を送っている。

大久保さん
松井さんと同じマンションに住む役所勤務の公務員。今年は、理事会の監事として頑張ることになった。騒音問題やペット問題などに強い関心を持っている。

7-01 専有部分と共用部分

マンションって、どのような建物を指しているか
わかりますか？

1つの建物の中にたくさんの部屋があって、共用廊
下や階段など居住者がみんなで使うスペースがあ
る。そうそう、管理人さんもいますね。

なるほど！　だいたい合ってるかな。区分所有建
物って聞いたことありますか？

区分所有？　昔、このマンションを購入した時に聞
いたことがあるような……

■区分所有建物と区分所有権

　「マンション」と聞いて最初に思い浮かぶイメージは、1棟の建物に101
号、201号など**複数の部屋**と、駐輪場やゴミ集積場など住民の**共用スペー
スがある建物**ではないでしょうか。

　「**区分所有建物**」と言われると、不動産に関わる仕事をされている人や管
理組合の業務をされた経験がないと聞き慣れない言葉だと思います。

　分かりやすい例として「**賃貸マンション**」と「**分譲マンション**」の違いを
考えてみましょう。

　賃貸マンションも分譲マンションも、管理状態などに違いはあっても外観
など見た目だけで判断すると大きな違いはありません。しかし、1つだけ決
定的な違いがあります。それは**所有者の数**です。

　賃貸マンションの場合、**建物1棟に対し所有者は1人**（法人の場合1社）

262

で、共有名義であっても１つの所有権を持分割合で持ち合っている状態です。

　大家さんがマンションを所有し、入居者は賃貸でお部屋を借りているという関係です。

　一方、**分譲マンション**の場合、101号にも201号にも**部屋の数だけ所有者や所有権が存在**します。１棟のマンションを構成する**１つひとつの部屋を法律的に「独立した建物」として扱っている**わけです。

　このような建物を**「区分所有建物」**といい、**「区分所有法」**（建物の区分所有等に関する法律）という法律により、１つひとつの部屋に**「区分所有権」という独立した所有権**が認められています。

7日目

マンションの「今」と「未来」

賃貸マンションと分譲マンション

賃貸マンション
- 建物１棟に対し所有者は１人
- 大家さんと入居者の関係

分譲マンション
- 部屋の数だけ所有者や所有権
- １つひとつの部屋が「**区分所有建物**」

なるほど！　分譲マンションのように1つひとつの部屋に所有者がいる建物が区分所有建物なんですね。でも、部屋以外の部分もありますよね？

大久保さん、なかなか鋭いですね！　区分所有法では、各部屋とそれ以外の部分に対する明確な規定が定められています。

■専有部分と共用部分

　区分所有法では、区分所有権の対象となる１つひとつの部屋を**「専有部分」**と定めており、分譲マンションを購入すると、この**専有部分の区分所有権を取得する**ことになります。

所有者は、マンション内のルール（管理規約）を守れば、専有部分を自由に使用することができ、自分好みのリフォームを行うことも可能です。

法定共用部分と規約共用部分

そして、専有部分以外のすべての部分を「共用部分」といいます。

　共用部分には、エントランス、階段、廊下、エレベーターなど、一般的に誰から見ても共用部分とわかる「**法定共用部分**」と、管理人室、集会室など本来は専有部分とすべき部分を管理規約で共用部分と定めた「**規約共用部分**」があります。

　その他、駐輪場や駐車場、ゴミ集積場などの共用施設、建物の屋根、壁、支柱、基礎などの躯体や構造部分、そして、電気設備や給排水設備なども専有部分側に位置する部分以外は共用部分の扱いになります。

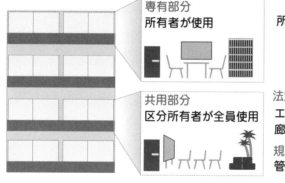

専有部分と共用部分

専有部分
所有者が使用　　所有者の部屋

共用部分
区分所有者が全員使用

法定共用部分
エントランス・階段
廊下・エレベーター

規約共用部分
管理人室・集会室

■ 専用使用権のある共用部分

バルコニー、窓枠や窓ガラス、玄関ドアは専有部分でしょうか？　それとも共用部分でしょうか？　大規模修繕工事での対応に迷っています。

いいところに気づきましたね。バルコニーや窓部分は居住者だけが使用する部分ですが共用部分なんです。大規模修繕工事に関しては管理組合として予算組みが必要になります。

　バルコニー、窓枠や窓ガラス、玄関の扉（鍵および内部塗装部分を除く）などは、国土交通省の「**マンション標準管理規約**」で**共用部分**とされています。

　ただし、階段、廊下、エレベーターなどと違って、**専有部分の所有者や同居者、賃借人など占有者だけが使用する権利（専用使用権）の認められた共用部分**となります。

　専用的に使用することは認められていても共用部分であることには変わりないので、窓枠や窓ガラス、玄関ドアなどを自分好みのものに交換したり、バルコニーに私物を保管したりしてはいけません。

7日目

マンションの「今」と「未来」

■共用部分と敷地の持分

　専有部分と共用部分のイメージは掴めましたか。

　では、**共用部分やマンションの敷地は誰がどれだけ所有**しているのでしょうか。

　マンションの住民がみんなで使用し、お金をかけて維持していく部分ですから、当然、区分所有者一人ひとりが何かしらの権利を持っているはずですが、一戸建の土地のように自分の土地の範囲が境界により明示されているわけではありません。

　結論としては、**共用部分も敷地も、区分所有者全員の「共有」**という扱いになります。

各区分所有者は**床面積の割合、もしくは管理規約に定められた割合の「共有持分」で権利を持っている状態**となります。

　つまり、分譲マンションの１室を購入すると、**専有部分の区分所有権**とともに、**共有持分に応じた共用部分と敷地の持分を取得**することになるのです。

　特に敷地に関しては、共有持分を持つことにより、マンション全体の敷地を利用する権利（**敷地利用権**）を他の区分所有者と共有している状態になります。

Column ## 区分所有建物の誕生

マンションやビルの１室単位で所有する「**区分所有建物**」ですが、もともと日本には、共同住宅の１部屋毎を所有権の対象とする「**区分所有**」という考え方はありませんでした。

土地と建物１棟毎に所有者が存在する「**一物一権主義**」の考え方です。

区分所有建物の誕生のきっかけとなったのは、**関東大震災**（1923年）の復興事業で建設された「**同潤会アパート**」という共同住宅でした。

「**同潤会**」とは、関東大震災の復興支援で設けられた財団法人で、その名前のついた同潤会アパートは、地震や火災に強い鉄筋コンクリート造で、電気や都市ガス、水洗式トイレも設備された、当時としては、先進的な建築物でした。関東大震災で住むところを失った人たちのために、東京、横浜地区を中心に16棟建築されました。

その同潤会アパートが区分所有誕生のきっかけとなった出来事が、1950年の**GHQ（連合国軍総司令部）**による「**住宅営団**」解散の指令です。

住宅営団とは、1941年に解散された同潤会の事業継承、資産継承した団体で、同潤会解散後は同潤会アパートの管理も行っていました。

当時の**GHQ**は、住宅営団の解散とともに、住宅営団が管理する同潤会アパートを、１部屋ずつアパートの住人などに売却するよう指示しました。コンドミニアムの開発が盛んに行われていたアメリカでは、共同住宅の１部屋単位での売買や所有は、すでに常識だったわけです。

こうして、日本でも共同住宅に対する「**区分所有**」という考え方が整備され、1962年には「**区分所有法**」という法律が制定されることになりました。

7-02 管理組合と管理会社

■ 管理体制と組合運営の質を見極めよう！

　不動産の購入を検討するときは、立地・地形・道路付け・構造・間取りなど様々な視点から判断します。

　その視点の前提となるのは、**不動産としての資産価値や将来性**です。金融機関が融資額を決定する上での担保としての評価も同様の視点からとなります。

　では、**マンション（区分所有建物）の資産価値や将来性を考える場合の基準**は何でしょうか？

　最初に思いつくのは、日常清掃や共用設備のメンテナンスは行き届いているかといった**管理状態に対する評価**です。

　築後10年以上のマンションなら、**大規模修繕工事**は計画的に実施されているか、自然災害による被害を受けても**改修工事を実施するだけの蓄え**はあるかといった**管理組合の運営面に関する評価**です。

　個々の部屋の状態も大切ですが、共同住宅という特性からマンション全体の生活環境を捉えることが大切です。

　特に、何十年という期間で将来性を判断する上では「**管理体制**」と「**組合運営の質**」が最も重要視すべき内容です。

7日目
マンションの「今」と「未来」

■ 管理組合と理事会

マンションの管理体制や組合運営の質を見極めるには、管理組合と理事会、そして管理会社の関係を理解するところから始めます。

マンションを購入する時まで、管理組合も管理会社も同じように考えていました。組合運営や理事会の役割もしっかり理解します。

管理組合とは、**専有部分を所有するすべての区分所有者によって構成される団体**です。「組合」といっても、任意に加入するかどうかを選択することはできません。

　購入や相続によって**専有部分の所有権を取得した人はすべて「管理組合員」**になるわけです。

　マンション管理の主体は管理組合であり、一人ひとりの組合員が重要な役割を担っているわけですが、組合運営に対して積極的な人もいれば、消極的な人もいます。

　考え方も人それぞれですので、管理組合では、組合運営の目的である「マンション住民の安全で快適な生活環境」を維持するために「**理事会**」という業務執行機関を設け、日常的な管理業務やマンション内で起こる様々な問題に対応しています。

　理事会は、**総会（集会）で選任された理事と監事という組合員を代表する役員で構成**されています。

　理事の中から理事会の代表となる**理事長**、理事長をサポートする**副理事長**が選任され機能しています。

❖POINT❖　管理組合の総会、理事、監事

❶ **総会** ⇒ 管理組合の最高意思決定機関。区分所有法では「集会」という。管理費、修繕積立金の改定、大規模修繕、建替えなど重要な議題を決議します。

❷ **理事** ⇒ 管理組合の役員。理事会で意見を述べ、議決権を持ちます。管理組合員の代表として業務を執行する役割です。

❸ **監事** ⇒ 管理組合の役員。理事会で意見を述べることはできるが議決権は持ちません。組合の業務の執行状況や財産状況を監査する役割です。業務執行や財産状況に不正があると認める時は臨時総会を招集できます。

管理組合の構成は会社と似ていますね。未経験で右も左も分かりませんが、監事として業務の執行や財産状況を厳しくチェックします。

私はマンションを購入してから8年目になりますが、初めて理事の役が回ってきました。まさか理事長になるとは思いませんでしたが（笑）

今年は大規模修繕や長期滞納者の対応など課題が山積みです。力を合わせ頑張りましょう！

役員の任期は、通常1年から2年の輪番制を採用している管理組合が一般的です。他にも公募や相互推薦などがあります。

役員に選任されると、身体的な事情や海外赴任など、**特別の事情がなければ辞退することはできません**。「私は、そういうのは苦手だから遠慮しときます」は通用しないわけです。

管理組合員の「大切な財産」を守る重要な役割です。胸を張り責任をもって務めましょう。

■管理組合法人のメリット＆デメリット

大規模修繕工事に向け、管理組合を法人化したほうがよいのでしょうか？

管理組合の法人化にはメリットとデメリットがあります。大規模修繕工事のために金融機関から融資を受けるのであれば法人化すべきですが、修繕積立金の運用だけで大丈夫であれば、急いで法人化する必要はないですね。

管理組合を**法人化する最大のメリット**は、**組合財産と個人財産との区別が明確化**できることにあります。

法人化していない場合、管理組合の預金口座の名義は「○○管理組合　理事長○○○○」と理事長の個人名義となり、理事長が変更するたびに名義変更の手続きが必要になりますが、法人化することにより完全に組合財産として明確になります。

また、金融機関から融資を受ける場合も管理組合法人として金融取引を行うことができます。

一方、**デメリット**としては、**管理組合法人としての登記が必要**になるた

め、理事が変わるたびに登記の変更手続きを行うことになります。したがっ
て、理事の任期ごとに費用面で負担が生じることになります。

＜メリット＞
❶組合財産と個人財産を明確化できる
❷金融機関から借り入れする時に管理組合法人として金融取引ができる
❸不動産を購入する場合に管理組合法人名義で登記できる
❹義務違反者に対し裁判を起こす時に管理組合法人として原告になれる

＜デメリット＞
❶役員変更の都度、法人の変更登記が必要になり費用負担が生じる

■ 管理会社と管理形態

マンション管理の主体は管理組合であり、**理事会が管理組合員の代表とし
て業務を執行**し、**重要な議題は総会で議決**する。

組織的には会社と似ていますが、組合運営はまた違います。組合員一人ひ
とりが仕事や子育てなど多忙な生活を送りながら、マンション管理に関する
知識も経験もなく、適切な運営を続けていくことは難しいことです。

そこで、**管理組合に代わって管理業務を行うのが「管理会社」**です。

管理会社は、**管理組合から管理業務の委託を受けて業務を行う事業者**で
す。例えば、組合員からの管理費等の徴収や会計業務、共用部分の清掃や共
用設備のメンテナンスなど、業務内容は委託内容に応じ幅広くあります。

現地で日常業務を行う管理人さんも、管理会社から派遣されたスタッフで
す。

管理会社への委託形態は2つあります。

---

❶ 全部管理委託方式 ⇨ すべての管理業務を委託
❷ 一部管理委託方式 ⇨ 設備管理業務など専門的な業務のみを委託

管理形態や委託する業務内容によって**管理費**を決定し、管理会社と「**管理
委託契約書**」を取り交わすことになります。

なお、「**マンション標準管理委託契約書**」に定める管理会社の委託業務は
以下の通りとなります。

（a）**事務管理業務**⇒管理組合の会計、出納、理事会や総会のサポートなど
（b）**管理員業務**⇒敷地、共用部分の点検、窓口事務、報告業務など
（c）**清掃業務**⇒日常清掃、特別清掃
（d）**建物・設備管理業務**⇒EV、給排水設備、消防用設備、電気設備など

❖**POINT**❖　マンション標準管理委託契約書
管理組合が、管理会社と管理委託契約書を取り交わす際の指針となるよう国土交通省が策定した雛形です。

■管理会社に委託しない自主管理形態

　マンションによっては、管理会社に委託せず、**管理組合自らが管理業務を行っている**ところもあり、このような管理形態を「**自主管理**」といいます。自主管理形態を選択する理由の1つには、管理会社に委託する場合の管理費の問題がありますが、「組合運営の主体は管理組合である」という組合員の意思の表れでもあります。

　専門知識を持たない組合員一人ひとりの**負担は大きくなります**が、経済的負担が軽減され住民間の交流が盛んになり、**管理に対する意識向上**が図れるメリットがあります。

＜メリット＞
❶管理コストが安くできるため、各住戸の経済的負担が軽減される
❷住民間の交流が盛んになり、管理に対する意識向上が図れる

＜デメリット＞
❶組合運営に積極的な一部の住民に負担が偏る
❷清掃、設備メンテナンスなど良好な管理状態が維持しにくい
❸建築、法律、会計などの専門知識がなく組合運営が不安定になる

7-03 普通決議と特別決議

■「総会」は管理組合の最高意思決定機関

　管理組合は理事が組合員の代表として業務を行い、専門的な業務を管理会社に委託することによって運営されています。

　あくまでも管理の主体は管理組合であり、大前提は管理組合員全員で物事を決め実行していくことにあります。

　すべての**管理組合員の意向を組合運営に反映させるための機関**を「**総会**」（区分所有法では「集会」という）といい、管理組合の最高意思決定機関になっています。総会には2種類あります。

> ❶定期総会 ⇨ 一定の期間に開催する（最低1年に1回）
> ❷臨時総会 ⇨ 定期総会以外に決議すべき重要な議題がある時に
> 　　　　　　　臨時で開催する

定期総会とか臨時総会のお知らせが届きますが、総会は毎年どれくらいの頻度で開催すればよいのでしょうか？

区分所有法では最低1年に1回招集しなくてはならないとされています。大規模修繕工事など重要な議題がある年は必然的に多くなりますね！

❖POINT❖　臨時総会の具体例

❶**緊急を要する議題** ⇒ 突発的な設備の故障、災害による被害箇所の補修など
❷**管理組合運営に関わる議題** ⇒ 補欠理事の選任、管理会社の変更など
❸**年度により必要となる議題** ⇒ 大規模修繕工事の業者選定、予算見直しなど
❹**その他** ⇒ 監事が組合の業務執行や、財産状況に不正があると認める時に招集

■ 総会の招集手続き

総会の招集はどのような手続きで進めればよいのでしょうか？　確か毎回、数日前には自宅に案内が届いていたような気がします。

総会開催日の少なくとも1週間前までに区分所有者に対して通知することが必要です。通知期間は管理規約で長めに規定しておくと安心ですね。

総会の招集通知には、話し合う内容の**「議題」を記載**することが必要です。

管理規約の設定・変更・廃止や共用部分の著しい変更、建替え決議など**区分所有者の利益に重大な影響を及ぼす事項**については、議題とともに**「議案の要領」も記載**することが必要となります。

1週間以上の通知期間の他に注意すべきことはありますか？

専有部分が共有名義になっている場合や賃貸で人に貸しているような場合ですね。誰に対しどのように通知するかが大切です。

総会の招集は、**書面や電子メール**で、マンション内の居住者のポストや、居住者の指定した場所に通知を出します。

共有名義の場合、共有者は総会で議決権を行使する者を1名定め、招集はその者に対して通知することになります。

また、専有部分に賃借人など占有者が居住している場合、区分所有者の指定する場所に対して招集の通知を行うことになります。

占有者の利害に関わる議題（ペット飼育細則の変更など）に関しては、**占有

者も通知内容を確認できるよう、マンション内の掲示板など見やすいところに、総会の日時や場所、議題などを記載した書面を掲示することが必要です。

■ 総会の成立要件、議事進行

　総会の成立要件は、区分所有法では定めがなく、管理規約で「**議決権数の半数以上の管理組合員の出席が必要**」と定めている場合が多いようです。

　総会の議事進行は**総会を招集した人（管理者）**、通常は**理事長が議長**として進めることになります。

　進行の注意点としては、原則、**招集通知に議案以外の審議や決議を行ってはいけない**という点です。

　参加者から様々な意見が飛び交うなか「折角だからこの機会に」という雰囲気で議事進行してしまう議長がいますが、内容によっては欠席した組合員に多大な影響を与えることになります。

　意見表明や議決権を行使する権利を奪う行為にもなり得るので十分に注意が必要です。

　わかりやすい例が、ペット飼育細則の変更のようにペット飼育者にとっては非常に重要な内容なのに、不参加時に不利な規約に変更されては問題となります。

　あらかじめ議案に挙げられていない事項（**緊急動議**）に関しては、

❶区分所有者全員が出席している場合
❷区分所有者全員が同意している場合
❸普通決議であり、緊急動議に関し管理規約に定めがある場合

は決議できるものとされています。

■ 総会の決議事項（普通決議と特別決議）

総会の決議は単純な多数決ではなく、確か議案によって可決に必要な要件が違いましたよね。

そのとおりです。総会の決議事項には普通決議と特別決議があり、それぞれ必要とされる可決要件が定められています。

　総会の決議には「**普通決議**」と「**特別決議**」があります。

　普通決議の可決要件は区分所有者数および議決権の**各過半数の賛成**、特別決議は区分所有者数および議決権の**各４分の３以上**（建替え決議は５分の４以上）**の賛成**が必要になります。

　議決権は、原則、**専有部分の床面積の割合によって決まる**ため、広い部屋を所有している人や複数の部屋を所有している人の意見に偏り過ぎないよう、より公平を期すために区分所有者数との両面から判断するように定められています。

　なお、議決権の割合は、大規模マンションになるほど、計算が複雑化するため、管理規約で専有部分のタイプ別に定めている場合がほとんどです。

7日目
マンションの「今」と「未来」

《普通決議事項》区分所有者数および議決権の各過半数以上

❶ 共用部分の管理（形状、効用の著しい変更および保存行為を除く）

❷ 敷地または附属施設の管理（形状、効用の著しい変更および保存行為を除く）

❸ 小規模一部滅失した場合の復旧

❹ 共用部分の変更（建築物の耐震改修の促進に関する法律に基づく耐震改修）

❺ 管理者や理事、監事の選任・解任

❻ 管理委託契約の変更・更新・解約、管理会社の変更

❼ 義務違反者に対する違反行為停止等の請求の訴訟提起

❽ 管理組合法人の事務（区分所有法に規定のない内容）

《特別決議事項》区分所有者数および議決権の各４分の３以上

❶ 共用部分の変更

❷ 管理規約の設定、変更、廃止

❸ 建物価格の２分の１を超える部分が滅失した場合の復旧

❹ 専有部分の使用禁止、競売請求、占有者に対する引渡し請求の訴訟提起

❺ 管理組合の法人化

❻ 建替え決議（区分所有者数および議決権の各５分の４以上）

7-04 管理規約と使用細則

マンションなどの共同住宅では、共同生活に対する意識や価値観も人それぞれ。住民の安全で快適な生活環境を維持するための住民一人ひとりが守るべき大切なルールがあります。

■「管理規約」は住まいのルールブック

分譲マンションには、区分所有者やその家族、賃貸で入居している賃借人など多くの人が同じ敷地、建物内で生活を送っています。

生活習慣や考え方の違う住民が自由奔放に生活しては、誰もが安心して生活できる住環境を整えることはできません。

日常の管理体制だけでなく、老朽化した建物の大規模修繕工事や将来的な建替え計画に関しても、価値観や経済事情の異なる住民相互の理解や協力を得るには、**統一されたルールが必要**です。そのルールこそが「**管理規約**」です。

管理組合が独自で管理する場合も管理会社に委託する場合も、マンション住民にとって適正な管理の根幹となるのが管理規約です。

今度、理事長を務めることになり読み直していますが、以外と知らないことばかりです。

分譲マンションの基本的なルールに関しては「**区分所有法**」に定められていますが、共同生活に関わるルールなど**区分所有法に定められていない内容などは管理規約で定めることができます。**

■ 管理規約の標準モデルは「マンション標準管理規約」

　マンションの管理体制の前提は「管理組合員一人ひとりの大切な資産を守ること」にあり、その根幹となる**管理規約**は、個人で所有する専有部分と組合員全員で維持管理する共用部分の境界を明確にし、最大限、**住民間の不公平感を解消した上で納得できるルールを作る**ことにあります。

　管理組合の多くは、国土交通省の「**マンション標準管理規約**」を参考に、組合ごとの**個別事情に応じた加筆修正**を行っています。

❖**POINT**❖　マンション標準管理規約のポイント
❶**総則** ⇒ 管理規約の目的、対象物件の範囲、管理組合の構成
❷**専有部分等の範囲** ⇒ 専有部分と共用部分の範囲
❸**敷地及び共用部分の共有** ⇒ 共有持分、単独処分の禁止
❹**用法** ⇒ 専有部分の用途、敷地及び共用部分の用法、バルコニー等の専用使用権
❺**管理** ⇒ 区分所有者の責務、敷地及び共用部分の管理、管理費、修繕積立金
❻**管理組合** ⇒ 組合員の資格、管理組合の業務、役員、総会招集、理事会招集
❼**会計** ⇒ 会計年度、管理組合の収入と支出、収支予算の作成と変更、会計報告
❽**雑則** ⇒ 義務違反者に対する措置、理事長の勧告及び指示、合意管轄裁判所

7日目
マンションの「今」と「未来」

■「使用細則」は共同生活の詳細ルール

　管理規約の他に、専有部分の改修工事、ペット飼育上の制限、駐車場や駐輪場の利用方法など、共同生活上の詳細ルールをまとめた「**使用細則**」があります。

　使用細則は管理規約の補完規定で、以下のような項目が記載されています。

❖**POINT**❖　使用細則
専有部分の用途制限、専有部分の改修工事の制限、ペット飼育上の制限、ピアノなど楽器類の演奏時間や使用制限、共用部分や附属施設の使用方法、バルコニー、専用庭、駐車場など専用使用権のある共用部分の使用方法

7-05 マンションでのトラブル対処と義務違反者への措置

　共同住宅には、異なる考え方や価値観、ライフスタイルをもつ多くの人が生活しています。そのため騒音、ごみの放置、共有敷地での駐車・駐輪などトラブルが起こってしまうことがあります。

　区分所有者や管理組合は、**マンション内で起こる様々なトラブル**に対し、どのように**対処**し、どのように**予防**すればよいのでしょうか。

<具体例>

❶ 上階からの足音、ピアノ演奏などの騒音問題
❷ ペットの鳴き声、共用部分での排尿、ブラッシングなど
❸ 違法駐車・違法駐輪
❹ 住居用の専有部分を店舗、事務所として利用する用途違反
❺ 共用廊下に自転車を放置、ベランダに物置を設置
❻ 耐力壁を破壊し間取りを変更、外壁に穴を開け衛星アンテナ設置
❼ 指定曜日外のゴミ出し、未分別、粗大ゴミ無断放置
❽ 管理費、修繕積立金の長期滞納

 転居後、子供のピアノ演奏がうるさいとお隣から注意され、騒音トラブルに巻き込まれた経験があります。考えてみれば、転居後の挨拶回りもせず非常識だったと反省しています。

楽器演奏のトラブルに関しては、管理規約に演奏可能時間、防音工事の規定も盛り込まれ、マンション内のトラブルも減少しているようです。

　マンション内の日常生活でおこるトラブルのなかでも特に深刻な**騒音問題**と**ペット飼育上のトラブル**を考えてみましょう。

■最も深刻な「騒音問題」

　マンションで最も深刻な問題の１つが**騒音によるトラブル**です。階下に響く足音からピアノなど楽器類の演奏など内容も様々です。

　騒音問題が難しい点は、騒音で悩まされている住民にとって、**不眠などかなりの精神的苦痛を伴う**ものでも、**迷惑をかけている側にその意識がない**場合も多いところです。

　上階からの生活音の場合、フローリングの遮音等級など使用されている床材は規約の規定に沿うものか、特に音が気になる時間帯や部屋の位置など、理事の立場でも状況を正確に把握した上で当事者の妥協点を提案することが大切です。

　その上で生活時間の長い居間や子供部屋にカーペット類など敷物を敷いてみるのも有効な方法の１つです。

　ピアノなど楽器類の場合はまず、**規約上の定めを確認**しましょう。

　楽器類の使用が禁止されているのであれば、専有部分での演奏を停止するよう理事会を通じ請求することになります。

　特に規約上の定めがない場合は、演奏可能な時間帯、防音室の設置や防音工事の実施など、当事者で納得のできる妥協点を話し合うことになります。

　管理組合として楽器の使用を許可する場合、必ず使用できる楽器の種類、演奏可能な時間帯、夜間の演奏禁止、防音工事の実施など、**管理規約上に楽器類使用に関する細則を設けるように働きかけることが重要**です。

■ペット飼育上のトラブル

　私も動物は大好きですが、共用廊下やエレベーター内での糞尿の後始末がされていないのを見ると問題になるのも当然だと感じます。

　ほとんどの飼育者はマナーを守り、衛生面にも気を遣い生活されていますが、一部のマナーの悪い飼育者のためにペット飼育そのものが否定されることのないよう、管理組合でも飼育上のルールを徹底していきたいですね。

ペット需要の高まりとともにペット共生型マンションも増加傾向にあり、「ペットは家族同然」という生活スタイルが増えています。

　一方、鳴き声・異臭・排尿・抜け毛など、飼育者と非飼育者間の**ペット飼育を巡るトラブル**も多発しているのが現実です。

　特に問題が深刻化しているケースとしては、**管理規約上の曖昧な規定が住民を困惑させる原因**となっていることも少なくありません。

　代表例として「他の居住者に迷惑または危害を加える恐れのある動物の飼育を禁止する」という条文があり、形式上はペット飼育を禁止しているのですが、「うちのワンちゃんはお利口だから、迷惑も危害も加えないから大丈夫」という飼育者が増え続け、管理状態が悪化し問題化するというケースも少なくありません。

　総会でペット飼育を禁止するような働き掛けは、飼育者と非飼育者間の溝をより深くする危険性が高く、有効な手段とは言えません。

　これはペット飼育を認めているマンションにも言えることですが、一番の問題点は**飼育上の規定が不明瞭であるか、規定はあっても住民に周知徹底させる機能が不十分な点**です。

　マンション内でのペット問題を改善し、理想的なペット共生を実現している管理組合の多くが次の内容を実施し、問題点は常に改良しています。

❖POINT❖　ペット飼育のルール作りのポイント

❶専門委員会の設置（ペット委員会、ペットクラブなど）
❷専門委員会加入をペット飼育の条件とする
❸専門委員会加入条件を明確化する（予防接種など）
❹苦情、問題発生時は専門委員会で対応し理事会に処理状況を報告する
❺管理規約上の規定を明確化する（種類・頭数・隣接住戸の同意など）
❻ペット飼育細則を作成する（共用部分利用上の注意、罰則規定など）

　ペット問題が深刻化し改善の見通しが立たないため、理事会の立場で「ペット飼育禁止」に関する決議を総会にはかる場合でも、「即ペット禁止」ではなく「飼育中のペット一代は許可する」など、**段階的な対応を提案すべき**でしょう。

　飼育者と非飼育者の立場は違っても同じマンション住民です。**互いの立場に対する「敬意」と「尊重」が問題解決の前提**です。

■ マンションでの義務違反者への措置

マンション内でルールを守らず迷惑行為を繰り返す人に対し、管理組合としてはどのような手立てができますか？

区分所有法では、区分所有者全体の「共同の利益」に反する行為に対する4つの措置を規定しています。

■ 義務違反者に対する4つの措置

　区分所有法では、**建物の保存に有害な行為や区分所有者全体の共同の利益に反する行為**を行うことを禁止しています。

　このような他の区分所有者に対する迷惑行為を行う者を「**義務違反者**」といい「**4つの措置**」を設けています。

❶ 行為の停止等の請求（区分所有法第57条）

　区分所有者は迷惑行為を行う区分所有者に対し、迷惑行為をやめるよう請求することができます。

　行為の停止等の請求は、区分所有者一人ひとりが行うことも可能ですが、住民間トラブルを避ける目的で**理事会の決議を経て理事長が行う**よう管理規約で定めているケースが多いです。

　また、**管理組合として裁判を起こし迷惑行為を停止する**よう請求を行うことも可能ですが、この場合は**総会の普通決議**（区分所有者数および議決権の各過半数以上）が必要になります。

　なお、行為の停止等の請求は、区分所有者だけでなく同居人、占有者（賃借人など）に対しても行うことが可能です。

❷ 使用禁止の請求（区分所有法第58条）

　行為の停止等の請求により状況が改善されればよいのですが、迷惑行為が収まらず共同生活に与える影響が大きいと判断される場合は、**義務違反者に対し専有部分の一定期間の使用禁止を請求**することが可能です。

　使用禁止の請求は、必ず裁判により行うことになり、**総会の特別決議**（区

281

分所有者数および議決権の各4分の3以上）が必要となります。

❸ 区分所有権の競売の請求（区分所有法第59条）

専有部分の一定期間の使用禁止では状況が改善されず、将来的にも著しい悪影響が予測される場合、**理事長等は裁判を起こし義務違反者の専有部分の競売を請求する**ことができます。

管理費、修繕積立金の長期滞納者に対する措置（286ページ参照）もこのケースの1つで**総会の特別決議**（区分所有者数および議決権の各4分の3以上）が必要となります。

迷惑行為を行っていた者が競落してしまう危険性はないのでしょうか？

戻ってきたら元も子もありませんね。区分所有法では競売を申し立てられた者やその関係者は買い受けの申し出ができないと定められています。

❹ 占有者に対する引渡し請求（区分所有法第60条）

マンション内で迷惑行為を行っている者が占有者（賃借人など）で、❶行為の停止等の請求では状況の改善が見られず共同生活に悪影響を及ぼすと判断した場合は、裁判を起こし**占有者に対する物件の引渡しを請求**することが可能です。この場合、**総会の特別決議**（区分所有者数および議決権の各4分の3以上）が必要になります。

裁判で引渡し請求が認められた場合、占有者は判決に基づき専有部分を退去しなければなりません。

❖POINT❖　義務違反者に対する措置

〔請求項目〕	〔相手方〕	〔請求方法〕	〔総会決議〕
❶行為の停止等	区分所有者・占有者	訴訟も可能	普通決議
❷使用禁止	区分所有者	訴訟が必要	特別決議
❸区分所有権の競売	区分所有者	訴訟が必要	特別決議
❹占有者に対する引渡	占有者	訴訟が必要	特別決議

7-06 管理費と修繕積立金、滞納への対処法

マンションの資産価値や将来性は、管理体制や組合運営の質によって大きく左右されます。そのキーポイントとなるものが、これからお話しする「**管理費**」と「**修繕積立金**」です。

マンションの購入を検討する場合、どうしても管理費と修繕積立金の総額ばかりを意識しがちですが、大切なのは両者が「**最適なバランス**」であるかという点です。

■「管理費」はマンションの維持管理に必要な費用

管理費とは、マンションの敷地および共用部分の維持管理のために必要となる費用です。

マンション全体の「安全で快適な生活環境」を維持することを目的としているため、すべての区分所有者が負担しなくてはならない費用です。

具体的には、次のようなことに使われています。

- 管理会社に対する管理業務の委託費用、管理人の人件費
- 共用部分の清掃費やゴミ処理費
- 共用部分の水道光熱費、蛍光灯など消耗品費
- 共用設備の保守点検費や運転費
- 敷地内の植栽管理費
- 共用部分の火災保険料や地震保険料、地域の自治会費など

管理費の金額は何を基準に決定されるのですか？
例えば、エレベーターを利用しない低層階と上層階の部屋が同じだったりするのでしょうか？

管理費は共用部分の共有持分が基準になります。確かに所在階や家族数によっても共用部の使用頻度は異なりますが、誰でも分かる明確な基準として専有部分の床面積の割合を採用しているんです。

そう言えば、1階の上田さんがエレベーターも使わないし夫婦2人なのに部屋が大きいから管理費が高いってぼやいていましたよ（笑）

■「修繕積立金」は将来的な修繕費用の積立金

「修繕積立金」とは、**将来必要となるマンションの修繕費用として、管理組合員全員で蓄える**お金です。

マンションの場合、「**大規模修繕工事**」という外壁、屋上、建具、給排水設備など、高額で規模が大きい改修工事をおよそ10〜30年周期で実施します。

大規模修繕工事は、**マンションの資産価値や将来性**を決める最も大きな要素であり、**金融機関が融資を行う時の判断材料**にもなる項目です。

新築時に豪華高級マンションとして注目された物件でも、20、30年後に資産価値を維持できているとは限りません。

日本では、少子高齢化・人口減少を背景に、深刻な修繕積立金の不足により、大規模修繕工事を実施することができず、建物が老朽化して存続の危機に瀕するマンションもあります。

深刻な状況ですね。積立金が不足する場合は銀行から融資を受けるか、毎月の修繕積立金を増額することになるのですね。心配です。

そのとおりですね。無理のない長期修繕計画が組まれているか、不測の事故や、災害による被害を受けた時でも取り崩しができる余裕があるかを厳しくチェックしておくことが重要です。

❖POINT❖　長期修繕計画とは

将来的に必要となる修繕工事の内容、時期、施工費などをまとめた計画書で、区分所有者が負担する修繕積立金の算定根拠となる資料です。

　長期修繕計画で特に注意すべき内容として、新築時に分譲会社が物件を販売しやすいように**修繕積立金を意図的に抑えた計画**を立てている場合があり、大規模修繕工事の実施に向け大幅に**積立金を増額**せざるを得ないことがあります。

　修繕積立金は、突発的な事故や災害による被害を受けた場合でも、取り崩しができるよう**余裕を持った積立計画を立てることが大切**です。そのためにも、**マンション管理士や建築士など専門家のサポート**を受けるのも選択肢の1つです。

マンションの「今」と「未来」

■ 修繕積立金の積立方法と取り崩し

　修繕積立金の積立方法には、次の2種類があります。

❶ 均等積立方式
❷ 段階増額積立方式

　均等積立方式は、長期修繕計画を基に**毎月均等に積み立てていく方法**です。不測の事故や災害などによる高額な取り崩しがない限り、原則、修繕積立金の増額は必要ありません。

　段階増額積立方式は、**初期の修繕積立金を抑え、段階的に増やしていく方式**です。

　建物の経年劣化の程度に応じた修繕工事が実施できるよう、この方式を採用している管理組合も多いのですが、社会情勢の変化や区分所有者の経済事情の悪化により、**予定通りの増額が困難になるリスク**もあります。

　2つの積立方法では、区分所有者レベルでも管理組合レベルでも、より計画性を持って継続できる**均等積立方式**が理想的です。

　なお、修繕積立金の取り崩しができるケースは以下のとおりとなります。

❖**POINT**❖　修繕積立金の取り崩しが可能なケース

❶一定の経過年数ごとに計画的に行う修繕

❷不測の事故その他特別の事由により必要となる修繕

❸敷地及び共用部分の変更

❹建物の建替え等に係る合意形成に必要となる事項の調査

❺その他敷地及び共用部分等の管理に関し、区分所有者全体の利益のために特別に
必要となる管理

(参考)国土交通省「マンション標準管理規約」(単棟型)第28条

- -

■ 管理費、修繕積立金と共有持分

　管理費と同様に、修繕積立金も**共用部分の共有持分**、通常は**専有部分の床面積の割合に応じて負担割合を決める**のが一般的です。

　管理規約で別の定めをすることも可能ですが、大前提は区分所有者が不公平感を持つことなく、床面積のように客観的に明確なものを基準として負担割合を決定することが必要です。

　ただ、修繕積立金に関しては、高額な修繕費に対する長期での積立計画となるため、基準となる情報量が少なく管理組合内でトラブルになることも多いため、国土交通省が「**マンションの修繕積立金に関するガイドライン**」を策定し、修繕積立金算定の目安となる数値を示しています。

修繕積立金の平均額の目安　(機械式駐車場を除く)

階数	建築延床面積	平均値（月額）
20階未満	5,000㎡未満	335円／㎡
	5,000㎡以上10,000㎡未満	252円／㎡
	10,000㎡以上20,000㎡未満	271円／㎡
	20,000㎡以上	252円／㎡
20階以上		338円／㎡

(参考)国土交通省「マンションの修繕積立金に関するガイドライン」

■ 管理費・修繕積立金の滞納が起こったら

　マンショントラブルで、特に問題となるのが**管理費・修繕積立金の滞納**です。滞納額の増加や滞納期間の長期化は、管理体制や将来的な修繕計画にも影響を与える問題です。

　滞納の予防や**滞納の長期化の防止**は、多くの管理組合で大きな課題となっています。

　管理費や修繕積立金の滞納が発生したら、管理組合として直接行動する前に**管理会社を通じ督促の請求**をします。

　同じマンションの住民ですから、当初2、3カ月ほどの間は、管理会社に任せ、電話・訪問・手紙投函などによる督促を繰り返し行います。

　それでも支払いがなされず状況が改善しない場合は、管理組合の代表として**理事長や理事が滞納者宅を訪問し督促**を行います。

　管理会社による督促と異なり、理事長や理事による訪問の前提は、滞納者と話し合いと、状況を改善するための提案をすることにあります。

　滞納理由も失業・事故・病気など様々です。目的は滞納額を徴収することにありますが、滞納者の事情を理解することで解決への糸口を見出せる可能性も十分にあります。

滞納の督促は理事長の役目とはいえ、顔見知りであればやりにくいですね。でも、管理組合の立場で頑張ります。もし、状況が改善しなければどうすればよいですか。

話し合いに応じず支払いも拒絶するようであれば、理事長名で内容証明郵便による支払い督促を行い、法的手続きに移行することになります。

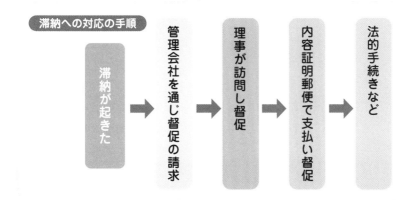
滞納への対応の手順　滞納が起きた → 管理会社を通じ督促の請求 → 理事が訪問し督促 → 内容証明郵便で支払い督促 → 法的手続きなど

■ 管理費・修繕積立金の滞納と法的措置

　滞納期間も6カ月を超え、内容証明郵便による支払い督促に対しても、滞納者が支払わないようであれば、理事会の判断で**法的措置に進める**ことになります。

　まず、**簡易裁判所に支払い督促の申し立て**を行い、申し立てが認められれば、裁判所から滞納者に対し支払い督促がなされます。

　裁判所からの支払い督促に対しても、滞納者からの支払いがなされないようであれば、**裁判所に訴えを提起**することになります。

❶ 少額訴訟

滞納額が60万円以下なら少額訴訟が有効です。手続きが簡単で費用も安く、1期日で審理を終え、即日判決が下ります。短期決着が可能です。

❷ 通常訴訟

訴額に上限がありません。140万円未満は簡易裁判所、140万円以上は地方裁判所に提訴します。審理や判決までに時間がかかりますが、滞納者が行方不明の場合でも有効な手段です。

■ 管理費、修繕積立金の滞納と強制執行

裁判に勝訴すれば確実に回収できますね。

安心できませんよ。勝訴しても滞納額をすべて回収できるとは限りません。財産の差押えや競売請求など強制執行を検討することも必要です。

　少額訴訟や通常訴訟で勝訴しても、滞納額をすべて回収できるとは限りません。管理組合が法的手段に移行する頃には、住宅ローンの返済や固定資産税も滞り、滞納者が管理費などの滞納分を支払えるだけの経済的余裕がないのが通常です。

　勝訴判決後も滞納者からの支払いがない場合、弁護士など専門家に相談した上で「**強制執行**」へと手続きを進めることになります。

　強制執行には、預金口座や勤務先からの給与などの「**債権差押え**」、家財道具などの「**動産差押え**」、そして対象となる専有部分の「**競売請求**」があります。

　強制執行のなかでも競売請求に関しては、慎重な判断が必要です。前述の通り、金融機関など他の債権者との優先順位の関係で、管理組合が競売による売却代金から配当を受けることが困難な場合もあるからです。その場合、時期を待って、専有部分の**特定承継人への請求**を検討すべきです。

■ 滞納の消滅時効に注意

　管理費や修繕積立金の滞納の場合、消滅時効に注意が必要です。

　管理費・修繕積立金の消滅時効は、**2020年4月の改正民法**により以下のように定められました。

> ❶ 権利を行使することができることを知った時から5年
> ❷ 権利を行使することができる時から10年

　つまり、管理組合としては、毎月管理費などの入金を確認して「○○○号室の○○さんが滞納している」と**知った時から5年で消滅時効**にかかるということです。

　時効を成立させず中断させる方法として、訴訟や裁判所からの支払督促による請求、差押え・仮差押え、滞納者の承認等の手段があります。

■ 管理費・修繕積立金の滞納と特定承継人

専有部分を競売で処分しても管理費や修繕積立金の滞納分は回収できないとなると打つ手がありませんね。泣き寝入りするしかないですか？

管理組合は競落人に滞納額を請求することができます。滞納者自身が他の人に売却した場合も新たな区分所有者に対して請求することが可能です。

区分所有法では、管理組合は管理費や修繕積立金の滞納分を「**特定承継人**」、つまり**専有部分を取得した者**に対し請求することができると定めています。

　不動産取引のケースで考えると、管理費・修繕積立金の滞納があることを知らずに物件を購入してしまうと、新区分所有者となった買主は管理組合に対し、前区分所有者の残した滞納分の支払い義務を免れないわけです。

滞納問題の解決プロセス

❶ 管理会社へ督促依頼（管理会社が電話、訪問、手紙投函などで督促する）

　　　　※滞納期間：３カ月まで

❷ 理事長、理事による訪問（滞納者の経済事情を聞き出し改善提案を検討する）

　　　　※滞納期間：３カ月から６カ月

❸ 内容証明郵便による督促（支払いがない場合、法的手段を講じる旨を示す）

　　　　※滞納期間：６カ月以上

❹ 支払い督促の申し立て（簡易裁判所）

　　　　※裁判者から滞納者に支払い督促

裁判所に訴訟を提起
❺（ａ）少額訴訟（滞納額60万円以下、手続きが簡単で短期決着可能）
　　（ｂ）通常訴訟（滞納額上限なし、相手方が行方不明の場合でも有効）

強制執行
❻（ａ）債権差押え（預金通帳、給与など）
　　（ｂ）動産差押え（家財道具など）
　　（ｃ）競売請求　（専有部分）

❼ 特定承継人への請求（専有部分の新区分所有者に滞納額を請求する）

長期修繕計画と大規模修繕工事

　マンションの資産価値や将来性の大きな決め手は**大規模修繕工事**です。
　長期修繕計画を基に適切に修繕積立金が運用されているかは、組合運営の質が問われる部分です。しかし、長期修繕計画は一度作れば、それでよいのでしょうか?
　経年により建物のいたるところに劣化の症状が出始めているのに、予定されている修繕工事の時期まで放置しておいて大丈夫でしょうか?
　突発的な地震等でマンションが劣化することもあります。
　マンションは区分所有者一人ひとりの大切な資産です。

■ 長期修繕計画は定期的に見直す

　長期修繕計画は、大規模修繕工事の時期や区分所有者が負担する修繕積立金の金額を決めるためのベースとなる重要資料ですが、マンションの実情が反映されていなければまったく使い物になりません。
　経年劣化といってもすべての建物が同じペースで衰えるわけではありません。
　また、年数の経過だけでなく、施工方法、環境や自然災害など外的要因、日常の管理レベルによっても劣化のスピードは大きく異なります。
　管理組合としては、常に建物の**共用部分や共用設備を点検**し、**劣化症状を正確に把握した上で定期的に長期修繕計画を見直す**ことが大切です。

日常的な建物の点検はどのようなところを注意したらよいでしょうか?

専門家に依頼せずに日常点検できる範囲としては、外壁、屋上、階段やベランダの手摺の鉄部などですが、代表的な点検項目を紹介しましょう!

❶**外壁**⇒クラック（ひび割れ）、タイルの剥落、タイル目地シーリング材の破断、塗装のふくれ、チョーキング現象（壁の表面を触ると白い粉がつく）

❷**屋上・バルコニー**⇒防水層の亀裂、ひび割れ、浮き、水溜り、鳥害（鳥が防水層を突き穴を開ける）

❸**鉄部（手摺）**⇒塗装の剥がれ、浮き、変色、サビ

❹**給排水設備**⇒水道水の濁り、水圧の低下、排水の詰り、排水口の臭気、サビ

❺**電気設備（電灯・配電盤）**⇒サビ、破損

❻**建具（玄関ドア・サッシ）**⇒開閉時に重い、隙間風が入る、網戸がよく外れる

■長期修繕計画に応じ資金計画を見直す

　長期修繕計画の見直しとともに必ず必要となるのが**資金計画の見直し**です。

　修繕積立金は長期修繕計画を基に計算され、予定されている修繕工事に必要な費用を区分所有者全員で積み立てています。工事費用が不足するときには、以下のいずれかの方法で不足分を補塡することが必要となります。

❶**修繕積立金を改定（増額）する** ⇒ 工事実施までに時間的余裕がある場合

❷**一時金を徴収する** ⇒ 工事実施までに時間的余裕がない場合

❸**金融機関の融資を利用する** ⇒ 工事実施までに時間的余裕がない場合

※ ❸の場合、借入返済の為、修繕積立金の改定（増額）を伴う可能性が高い

　管理組合としてどの方法を選択するにせよ**総会の決議**が必要となり、区分所有者の生活に影響を与える内容であるため、日頃から日常点検を繰り返し行い、**正確な現状把握**と**劣化事象の早期発見**に努めることが大切です。

日常点検の重要性がよく理解できました。自分たちの資産は自分たちで守るということですね。

その通りです。何事も管理会社に任せきりにせず、日頃の生活で気になることがあれば住民間で情報を共有し合うという姿勢が大切です。

■「専門委員会」の設置と「劣化診断」の実施

　大規模修繕工事は、長い年月をかけ区分所有者から集めたお金を使う大切な工事です。費用も期間も大がかりなものになります。

　何の知識も経験もない理事の力だけで進めるには負担が大きく、誤った判断をしてしまうと全区分所有者に多大な影響を与えることにもなりかねません。

　まず、大規模修繕工事のスタートは**専門委員会の設置**から始まります。**専門委員会は理事会の諮問機関で「修繕委員会」のような名称**が使われます。

　修繕委員会としての最初の業務は**住民へのアンケート調査**です。予定されている修繕工事に関連する内容で不具合箇所などがあれば「住民の声」として引き上げるわけです。

　次に住民のアンケート調査の結果を踏まえ「**劣化診断**」を行います。劣化診断は建築士や設計事務所など専門家に依頼することになりますが、診断の目的は**修繕箇所の見極め**です。区分所有者から集めた大切なお金と住民の協力のもと進める工事ですから、費用的にも時間的にも無理無駄のない最適な工事を行うことが必要です。

7日目
マンションの「今」と「未来」

❖**POINT**❖　代表的な劣化診断
❶**触診調査** ⇒ 塗装部分に触れチョーキング現象（白い粉が付く）の有無を調査
❷**打診調査** ⇒ 壁面を打診棒でたたき、音の違いから壁材の浮き等の症状を判断
❸**付着力試験** ⇒ 壁面に接着した機器を引っ張り、塗膜と下地の密着強度を調査
❹**中性化試験** ⇒ 建物に穴を開け、試薬を用いコンクリートの中性化状態を調査
❺**内視鏡調査** ⇒ 部分的な抜き取り調査と並行し給排水管内部の劣化状態を確認

■ 発注方式と施工会社の決定

　専門家による劣化診断の結果が得られたら、具体的な施工内容と資金計画を検討し「**大規模修繕工事計画**」を**総会の決議**にかけることになりますが、最も重要な課程が施工会社への発注方式と実際に工事を依頼する施工会社を決定することです。

　修繕工事の仕事は大きく「**設計**」「**施工**」「**監理**」の３種類に分けられますが、それぞれをどのように区分するかによって発注方式を検討することになります。

発注方式には以下の２種類がありますが、それぞれメリットとデメリットがありますので、内容を十分に理解した上で決定することが重要です。

✣POINT✣　責任施工方式と設計監理方式

❶責任施工方式
⇒ **修繕工事の「設計」「施工」「監理」をすべて同じ会社に委託する形態。**
〔メリット〕窓口が一本化でき効率的。理事や専門委員の負担が軽減される。
〔デメリット〕第三者によるチェック機能がないため、施工費の妥当性や工事内容、工事品質の見極めが困難。

❷設計監理方式
⇒ **修繕工事の「設計」「監理」を施工会社と別の専門家に委託する形態。**
〔メリット〕設計、施工を分けることで公正、公平な施工会社選定が可能。第三者の立場で工事内容、工事品質を厳格に監理できる。
〔デメリット〕施工費と別に設計監理費用（コンサルタント費用）が必要。

　２つの発注方式の最大のポイントは、**第三者によるチェック機能の有無**です。
　設計監理方式の場合、設計、監理の委託先は管理組合のコンサルタント的な役割を果たすことになるため、大規模修繕に対する知識や経験が豊富で、管理組合の立場に立って**工事内容や工事品質を見極められる能力が必要**とされます。
　例えば、建築士、設計事務所、施工会社と別の建設会社などが考えられます。

　設計監理方式の場合であれば、どのような点に注意して施工会社を選べばよろしいでしょうか？

　大前提は公正な方法ですべての区分所有者が納得のできる施工会社を選定することです。管理会社や設計監理の委託先の紹介、インターネットや業界紙による公募など複数社から見積書を取得するようにしましょう。

　施工会社の選定に関しては、複数社から見積書を取得し施工費用の妥当性を見極めます。その上で候補となる会社を絞り込み、理事や専門委員会が各会社の工事担当者と面談を行います。

　最終的な選考を行う上で、面談時の工事担当者の心象や準備書類は非常に重要です。

　信頼できる施工会社に共通する点は、工事内容の説明に留まらず、**施工内容や施工費用の「根拠」を分かりやすく、住民が納得いくまで説明してくれる**ことにあります。

工事担当者との面談を終え理事会で1社を内定できたら、総会の承認決議を得ることになります。理事会としては施工会社の選定理由、工事内容と施工費、完了後の保証など、住民の理解と協力が得られるようしっかりと説明することが大切です！

7日目
マンションの「今」と「未来」

《長期修繕計画・大規模修繕工事に関する相談窓口》

❶ 公益財団法人マンション管理センター
https://www.mankan.or.jp

❷ 公益財団法人住宅リフォーム・紛争処理支援センター
http://www.chord.or.jp

究極の選択「復旧か建替えか」

マンションの大規模修繕について詳しく説明してきましたが、**築後30年を超える時期**には将来的な**建替え**を視野に修繕計画の検討を行います。

また、建物は経年劣化だけでなく、自然災害（地震・水害など）や事故（火災など）によっても大きいダメージを受ける可能性があり、「**復旧か建替えか**」という究極の選択を迫られることを想定しておかねばなりません。

■滅失の程度による復旧手続き

区分所有法では**建物の滅失の程度**を

❶ 小規模滅失
❷ 大規模滅失

とに区分し、それぞれのケースごとに管理組合として必要となる復旧手続きを定めています。

❶ 小規模滅失（マンション価格の2分の1以下に相当する滅失）

（a）区分所有者単独での復旧

各区分所有者は損害を受けた共用部分を**単独で復旧する**ことができ、**工事に要した費用の償還**を他の区分所有者の**持分に応じて請求**することができます。

（b）普通決議による復旧

単独復旧が認められているものの、実際には**総会の決議（普通決議）**を経て管理組合として対応する場合が多く、**決議後の単独復旧はできません。**

❷ 大規模滅失（マンション価格の２分の１を超える滅失）

（a）特別決議による復旧

　マンション価格の２分の１を超える大規模滅失は必ず**総会の決議（特別決議）**によることが必要であり、**区分所有者による単独復旧はできません**。

（b）復旧決議の成立

　復旧決議に反対した区分所有者は、賛成者に対し**建物及びその敷地に関する権利を時価で買い取るよう請求**できます。また、賛成者は復旧決議から２週間以内であれば、賛成者全員の同意により**買取指定者を指定**することができます。

（c）復旧決議の不成立

　大規模滅失から**６カ月以内に復旧または建替えが決議されなかった場合**は、各区分所有者は物件を売却するほか手段がないため、**相互に建物及びその敷地利用権を時価で買い取るよう請求**することができます。

　買取請求を受けた区分所有者は裁判所に対して、**代金支払い期限の延長を請求**することができます。

大規模滅失で復旧決議がまとまらないと住民同士で買取請求ですか。ボロボロになった建物を買い取ってくれと言われても。本当に大変ですね。

災害による滅失だけは誰にでも巻き込まれる危険性がありますからね。もし大規模滅失で復旧を検討する時は建替えも併せて検討すべきです。

■ 専門委員会と建替え計画

　マンションも築後30年以上経過し、繰り返し大規模修繕を経験していく中で、**建替え**という選択肢でも検討すべき時期が必ず訪れます。

　特に災害や事故などで建物が大きな被害を受けてしまった場合、復旧に膨大な費用をかけるのであれば、居住性や安全性、資産性を考えた上で建替えを検討すべきという意見も住民から出てきます。

実際、マンションの建替えの多くは、**建替えに対し積極的な一部の住民による勉強会の発足**から始まります。

　全国の建替え体験談や成功例など情報収集、理事会への必要性の提起を積極的に行い、理事会が建替え検討の必要性を認めると、**総会にかけ管理組合としての取り組みを決議**することになります。

　総会決議により**建替えを検討する専門委員会**（建替え検討委員会など）が設置されると、建築士、設計事務所、建設会社など専門家への委託、建物診断、修繕費用や建築費用の見積もり、アンケートによる住民への意識調査など、具体的な建替え計画がスタートします。

■ 総会招集と説明会

　区分所有法では、**総会の特別決議（区分所有者数および議決権の各5分の4以上）によって建替えできる**と規定されています。

　専門委員会による建替え計画がある程度に煮詰まった段階で、理事会による総会の招集へと移行しますが、他と比較し極めて重要性の高い議案であることから、**総会の招集通知は少なくとも2カ月前**（通常の総会は1週間前）までに全区分所有者に対して発することが必要とされています。

　さらに、招集通知には**議案の要領**とともに以下の内容を記載するよう細かく規定されています。

❖ＰＯＩＮＴ❖　招集通知に記載する内容
❶建替えが必要な理由
❷建替えをせず修繕や補修で対応する場合の工事費用と内訳
❸修繕計画がある場合はその内容
❹修繕積立金の累計額

　理事会による総会の招集と並行し、専門委員会は専門家を交え**説明会**を開催します。説明会は総会の少なくとも**1カ月前までに開催**し、賛成派、反対派それぞれの意見を十分に精査します。

　特に反対派の意見や建替えに対する問題提起は非常に重要です。繰り返し意識調査や説明会を行い、問題点を1つひとつ解消していくことによって、より多くの賛同者が現れることになるのです。

■ 建替え決議と売り渡し請求

　総会の建替え決議では、具体的に下記の内容を取り決めることになります。

❖ＰＯＩＮＴ❖　総会決議で定める内容

❶ 新たな建物の設計の概要
❷ 現在の建物の取り壊し費用と新たな建物の建築費用の概算
❸ 費用（取り壊し費用、建築費用）の分担に関する事項
❹ 新たな建物の区分所有権の帰属に関する事項

　建替えが可決された場合、最初にすべき内容を教えてください。

　大規模滅失による復旧の場合と同じように、賛成者と反対者の名前を議事録に記載して反対者に対する売渡し請求の準備に取りかかります。

　総会で建替え決議が可決された場合、**建替え賛成者から反対者への専有部分と敷地利用権の売り渡しの請求**へと進めることになります。
　大規模滅失による復旧の場合、反対者が賛成者に対し専有部分と敷地利用権を時価で買い取るよう請求することができる「買取請求権」でした。
　一方、**建替えの場合**は、**賛成者から反対者に対する「売渡請求権」**であり、売渡しを請求された**反対者は拒むことができません。**
　復旧の場合、反対者が建物内で生活していても工事実施は可能ですが、建替えの場合、反対者が建物内に居座っていては解体も建築も不可能であるため、より強い権利として認められているわけです。

（ａ）大規模滅失による復旧　反対者　⇒　賛成者　《買取請求権》
（ｂ）建替え　　　　　　　　賛成者　⇒　反対者　《売渡請求権》

　なお、賛成者から反対者への売渡し請求を行う前に、書面による最終確認

（催告）がおこなわれます。

『これがラストチャンス。建替えに参加するなら2カ月以内ですよ』といった確認です。**催告を受けた反対者は2カ月以内に回答**しなければならず、回答がなければ「反対」とみなされます。

❖**POINT**❖　マンション建替え円滑化法

区分所有法では建替え計画を成立させるまでは規定されていますが、決議後の建替え計画の実行に関しては規定されていないため、平成14年12月に「マンション建替え円滑化法」が施行されることになり、建替えに対する円滑な合意形成が図れるような体制が整いました。

■ 建替え組合の設立と権利変換

建替え決議後、建替え賛成者による最初の手続きが**「建替組合」の設立**です。

建替組合はマンション建替え円滑化法に基づき、**建替え賛成者の5人以上が集まり発起人**となり、**定款、事業計画案を作成**した上で**都道府県知事に許可申請**を行い設立します。

建替組合は法人格を有するため、独立した法的主体として建設業者との**請負契約**や金融機関との**金銭消費貸借契約**などの**契約行為を行う**ことができます。

この点において、法人化に登記が必要な管理組合と大きく異なります。ちなみに管理組合は、マンションの共用部分を維持管理することを目的とする組織であるため、**建替えのため建物を取り壊した時点で解散**することになります。

建替組合設立後の最初の仕事にはどのようなものがありますか？

まず反対者に対する売渡請求を行い、不参加者の権利を建替組合に移します。不参加者の権利をすべて移し終えた時点で管理組合の役割は終了です。

大久保さん、マンション建替え完了までしっかりフォローしてくれよ！笑

　建替え不参加者に対する売渡請求の次は、**「権利変換」の計画案の作成**です。

　権利変換とは、区分所有権、敷地利用権など土地建物に関する**各区分所有者の権利を建て替え後のマンションに一斉に移行する手法**をいい、**総会の決議後に都道府県知事に計画案を提出し許可を得る**ことになります。

　権利変換の計画案に納得がいかない区分所有者は、この時点で建替え参加者から抜けることでき、組合に対する買取請求、もしくは組合側からの売渡請求も可能となります。

　このあと、実際の建替え工事がスタートし、建物完成後に新しいマンションへの入居となります。

（参考）

国土交通省「マンションに関する統計・データ等」によると、令和4年末時点の分譲マンションストック総数は約694.3万戸あり、令和2年国勢調査による1世帯当たり平均人員2.2をかけると、約1,500万人（国民の約1割超）が居住している推計となります。

一方、令和5年3月時点のマンション建替え工事完了済件数は282件、23,000戸となります。（阪神・淡路大震災、東日本大震災、熊本地震による被災マンションの建替え件数115件は含まれません）

7日目
マンションの「今」と「未来」

INDEX

7日でマスター
不動産がおもしろいくらいわかる本

2021年　8月31日　第1刷発行
2023年11月30日　第4刷発行

著　者　　池田浩一
装　丁　　植竹裕
発行人　　柳澤淳一
編集人　　久保田賢二
発行所　　株式会社　ソーテック社
　　　　　〒102-0072　東京都千代田区飯田橋4-9-5　スギタビル4F
　　　　　電話（注文専用）03-3262-5320　FAX03-3262-5326
印刷所　　図書印刷株式会社